国学经典精粹丛书

道德经

老子为书，
于治人之术至矣。

【春秋】老　子◎著　焦　亮◎评译

图书在版编目（CIP）数据

道德经 /（春秋）老子著；焦亮评译. --北京：华龄出版社，2017.3

ISBN 978-7-5169-0925-6

Ⅰ.①道… Ⅱ.①老… ②焦… Ⅲ.①道家 ②《道德经》－译文 Ⅳ.①B223.14

中国版本图书馆CIP数据核字（2017）第060042号

责任编辑 梅 剑　　责任印制 李未圻

书　名	道德经	作　者	（春秋）老 子
出　版 发　行	华龄出版社 HUALING PRESS		
地　址	北京市东城区安定门外大街甲57号	邮　编	100011
电　话	（010）58122255	传　真	（010）84049572
印　刷	三河市刚利印务有限公司		
版　次	2017年6月第1版	印　次	2023年8月第4次印刷
规　格	880mm×1230mm	开　本	1/32
印　张	7	字　数	145千字
书　号	ISBN 978-7-5169-0925-6		
定　价	36.00元		

前言

《道德经》是中华传统文化中的经典著作，历代学者都将其视为一门必修课而加以研读。千百年来，《道德经》一直深深地影响着社会各个阶层：政治家崇奉它“清静无为”的政治纲领，哲学家服膺它“无为而无所不为”的哲学思辨，军事家赞叹它“战争应以守为主，以守而取胜”的军事智慧，谋略家激赏它“知雄守雌”“以退为进”的睿智，教育家看中它“常善救人，故无弃人”的教育理念，商业家欣赏它“将欲夺之，必固与之”的经营谋略，道德家欣赏它“返璞归真”的思想，美学家歌颂它的“赤子之心”，普通民众则将它视为养生长寿的不二法宝。

《道德经》究竟如何定位，如何阅读，如何理解？读者还需结合时事与自身的境况，使其中的真意为己所用。

1. 欲读其书，先解其人

《道德经》本名《老子》，与《庄子》双峰并峙。而对老子李耳其人，古来颇有争议。司马迁在《史记·老子韩非列传》里写道：

老子者，楚苦县厉乡曲仁里人也，姓李氏，名耳，字聃，周守藏室之史也。

孔子适周，将问礼于老子。老子曰："子所言者，其人与骨皆已朽矣，独其言在耳。且君子得其时则驾，不得其时则蓬累而行。吾闻之，良贾深藏若虚，君子盛德，容貌若愚。去子之骄气与多欲，态色与淫志，是皆无益于子之身。吾所以告子，若是而已。"孔子去，谓弟子曰："鸟，吾知其能飞；鱼，吾知其能游；兽，吾知其能走。走者可以为罔，游者可以为纶，飞者可以为矰。至于龙吾不能知，其乘风云而上天。吾今日见老子，其犹龙邪！"

老子修道德，其学以自隐无名为务。居周久之，见周之衰，乃遂去。至关，关令尹喜曰："子将隐矣，强为我著书。"于是老子乃著书上下篇，言道德之意五千余言而去，莫知其所终。

由此可知，老子是春秋时人，与孔子同时，但比孔子年长，曾经担任过周朝的守藏室之史，在周朝居了颇久，后见周朝衰亡而离去。因此，春秋时期社会生活中政治、经济、文化等诸多方面的情景，必然与老子的思想及《道德经》的深意息息相关。

2. 欲解其意，先观其脉

《道德经》共八十一章，多为韵文，分为《道经》与《德经》两大部分。虽然传统的顺序是《道经》在前《德经》在后，但在1973年发掘长沙马王堆汉墓时出土的《老子》帛书是《德经》在前，这也许是古本的顺序。

《道德经》五千言，篇幅不长而论述精辟，其含义深远，思想广博，从多个方面论述了宇宙的本体、万物之源、自然规律，等等，并将其意义融入自然、现实、社会、国家、民生等众多方面，大致分为论道、治国、修身、砭时、养生、议兵六大方向。

虽然书中文字内容飘忽不定，正言若反，但整本书思想统一且贯彻始终，用朴素的辩证思维构建了老子独特而跨越时空的思想理论体系。

3. 不离其根，博采众长

研读《道德经》，最重要的一点就是尊重原文。本书的原文遵照中华书局发行的通行版本，每一章以原文开头，之后有“注释”和“解析”两个板块，对字词的注释简明扼要，对原文的翻译精妙准确，同时还融入了通俗易懂的解读。另外，本书除了常有的字词注释及解读之外，还加入了河上公对《道德经》的注解，希望这位黄老学派的集大成者的见解能帮助读者更好地理解《道德经》的主旨。

研读《道德经》还需博采众家之长。历史上对此书做过精妙注解的学者颇多，例如晋代的王弼、明代的开国皇帝朱元璋，乃至今天的高亨、陈鼓应等人，读者可以借助这些学者的解说辅助阅读。另外，如果在此基础上发现疑难问题，也不必迷信先贤，只要认真分析，有理有据即可另行解说。

最后，希望读者研读本书时能够“以心为本”“知行合一”。

目录

上篇　道经

下篇　德经

上篇　道经

一章

【原文】

道[1]可道[2]，非常道；名[3]可名[4]，非常名。

无名，天地之始；有名，万物之母[5]。

故常无，欲以观其妙；常有，欲以观其徼[6]。

此两者同出而异名，同谓[7]之玄。玄之又玄[8]，众妙之门[9]。

【注释】

①道：名词，这里指宇宙本原。引申义为万物的根本、真理、原理、规律等。

②道：动词，说明，讲清楚。

③名：名词，①中“道”的形态。

④名：动词，表明，与②中“道”同理。

⑤母：母体，源头。

⑥徼（jiào）：边界，分界线。这里意为事物的表象。

⑦谓：称谓，这里意为“可以叫作”“称呼为……”。

⑧玄：玄妙，深奥，无法探究。

⑨门：大门，门户，这里指产生宇宙玄奥的地方，或暗指认识宇宙玄奥的法门。

【译文】

“道”是无法用言语清晰地表达出来的，如果可以，就不是我们所说的“大道”；“道”的形态和概念如果可以为其定名，就不可能是“道”永恒的形态与概念。

天地间任何事物产生时都是不确定的，也不能用语言来述说其状态，这就是整个混沌的宇宙的源头；然而任何事物都有自己的根源，这部分能用言语表明的概念，称之为孕育的母体。

因此，保持虚无的状态，是为了观察事物玄妙的本质；保持实有的状态，是为了观察事物所体现出来的表面现象。

其实，“虚无”和“实有”出于同一个“道”，只不过是“道”不同的一面。“虚无”和“实有”两者组合在一起，会有无数种玄妙的可能（不确定的组合，如上有下无，内有外无等）。这些无法确定的组合甚至更玄妙的东西正是“道”，换句话说，“有”和“无”就像是支撑起“道”的“众妙之门”。

【解析】

此章可谓是《道德经》全文的总纲，正如释德清所说：“老氏之学，尽在于此，其五千余言所敷演者，唯此一章而已”。

作为《道德经》的开篇一章，此章主要是在对道进行描述和赞叹。“道”这一字，从文字结构上说，由“首”“走”二字合成，这两个字合起来就成为“道路”的概念，后引申为道理或治理之术，到春秋时则指与某一目标相关的行事原则的总和。

老子的“道”初看起来似乎也是这个概念，但在具体的目标以及实现目标的原则、内容和传统又迥然不同。《道德经》的目标是指天下混然为一，无所分析，而不是

周人所设定的“天下文明”，而实现天下混然为一这个目标的行事原则的总和就是“道”。

严格来说，老子所说的“道”，并不是一个概念，而是一种状态，又是一种力量。“道”所指向的，是全部宇宙万物所从产生的“原始”，是本源性实在，是涵括一切万有的无限者。“道”本身无论在逻辑上还是时间上都是先存在于宇宙万物的，“道”自身的存在也是“原发性的”，没有除它自身之外的任何别的原因使它存在，而宇宙万物确是由“道”自身的“原发性”存在而引导生发的，因此“道”就是宇宙万物之所以存在的本质原因。

对于如此深奥玄妙的“道”，我们是无法为它命名的，只能感觉到它是“空无”的，空无不是虚无，而是“无名”，也是无穷无尽的变化。而一切万物正是在这“空无”的状态中滋生为“有”。只有体悟到一切宛如本原于“道”而“有”，一切万物本原于“道”而“无”，以万物之“有”的维度来观“道”之“无”，才算是真正地了解了“道”。

【名家注解】

河上公：

谓经术政教之道也。非自然长生之道也。常道当以无为养神，无事安民，含光藏晖，灭迹匿端，不可称道。谓富贵尊荣，高世之名也。非自然常在之名也。常名当如婴儿之未言，鸡子之未分，明珠在蚌中，美玉处石间，内虽昭昭，外如愚顽。

无名者谓道，道无形，故不可名也。始者道本也，吐气布化，出于虚无，为天地本始也。有名谓天地。天地有形位、有阴阳、有柔刚，是其有名也。万物母者，天地含气生万物，长大成熟，如母之养子也。

妙，要也。人常能无欲，则可以观道之要，要谓一也。一出布名道，赞叙明是非也。徼，归也。常有欲之人，可以观世俗之所归趣也。

两者，谓有欲无欲也。同出者，同出人心也。而异名者，所名各异也。名无欲者长存，名有欲者亡身也。玄，天也。言有欲之人与无欲之人，同受气于天也。天中复有天也。禀气有厚薄，得中和滋液则生贤圣；得错乱污辱则生贪淫也。能之天中复有天，禀气有厚薄，除情去欲，守中和，是谓知道要之门户也。

二章

【原文】

天下皆知美之为美，斯①恶②已；皆知善之为善，斯不善已。

故有无相③生，难易相成，长短相较④，高下相倾，音声⑤相和，前后相随。

是以圣人⑥处无为⑦之事，行不言之教。万物作⑧焉而不辞，生而不有，为而不恃，功成而弗居。夫唯弗居，是以不去。

【注释】

①斯：表示转折，意为则、就、于是。

②恶：丑，与前言“美”相对而论。

③相：彼此，互相。

④较：比较。

⑤音声：古人把“音”与“声”分开解释，奏出的乐声称之为“音”，发出单一的音响称之为“声”。

⑥圣人：主张居静，不争，顺从自然，张扬人的内在生命的人被道家称为“圣人”。这里和儒家思想中的“圣人”不同。

⑦无为：什么都不去做，让一切顺其自然。

⑧作：兴起，这里意为生长。

【译文】

天下都知道什么样子才可以称得上美的时候，也就知道了丑的存在；都知道什么样子称得上善的时候，也就明白了不善的定义。

因此，实有和虚无相伴而生，困难和容易相辅相成，长与短通过互相比较而得以显现，高与低互相依靠而存在，单音与复声和鸣而成就曲调，前与后互相追随，自古便一直是这样。

正因为这样，圣人才在处事方面采取了“无为而治”的做法，实施无言的教化方针，任凭万物自然生长。给万物生命而不因为这一点将其据为己有，养育万物也不因为这一点而自恃能力甚高，帮助万物成就自己也不会居功自傲。只有身兼功德而不自恃功德，功德才能不散去，才能帮助自己成就不朽之功。

【解析】

在开篇对“道”进行了阐释后，老子在《道德经》的第二章开始展现他的辩证思想，从对立与统一的认识出发，推出了其思想中核心的政治理念——“无为”。

由“道”引导生发的一切现象事物都是相对的，即“相对性”就是我们所生活的这个现象世界的基本面相。这就要求我们要用辩证思维来看待世界之中的一切现象事物，即将对象作为一个整体，从其内在矛盾的运动、变化及各个方面的相互联系中进行考察，以便从本质上系统、完整地认识对象，既对立又统一地看待问题。说得直白一点，就是我们不仅要看到事物表现出来的一面，也要看到事物暗含的另一面，这样才算是完整地看清事物的特征。老子把这种辩证性看待世界万事万物的方法，概括为两个字“无为”。

老子所说的“无为”，并非无所作为，而是顺应自然地无心而为，不知善或不善，也不求善。一旦知善或不善，就会求善，一求善就变成了有心而为的“人为”。

老子所说的“无为”，就是回归自然，遵行万物的自然规律而不人为地干扰、破坏它，既看到事物对立的两面，也不再主观上对其中的一面进行肯定或否定，只是任其自然发展，这样美丑善恶的对立自然就会消解，一切万物自然就能回到原来的浑然为一的状态，即“道”的状态。

【名家注解】

河上公：

自扬己美，使显彰也。有危亡也，有功名也，人所争也。

见有而为无也，见难而为易也，见短而为长也，见高而为下也，上唱下必和也，上行下必随也。

以道治也，以身师导之也，各自动作，不辞谢而逆止。元气生万物而不有。道所施为，不恃望其报也。功成事就，退避不居其位。夫惟功成不居其位，福德常在，不去其身也。此言不行不可随，不言不可知矣。上六句有高下长短，君开一源，下生百端，百端之变，无不动乱。

三章

【原文】

不尚贤①，使民不争；不贵②难得之货，使民不为盗；不见③可欲，使民心不乱。

是以圣人之治，虚其心④，实其腹，弱⑤其志，强其骨。常使民无知无欲，使夫智者不敢为也。为无为，则无不治⑥。

【注释】

①尚贤：推崇有才德的人。尚，崇尚，推崇。贤，品德高尚又有才华的人。

②贵：珍贵。这里是动词，视其珍贵，重视。

③见：通“现”，出现。这里意为炫耀，展露。

④虚其心：使其心灵空明，没有狡诈或非分的念头。虚，虚无，引申意为洁净。心，心灵、思想、精神。

⑤弱：削弱。

⑥治：治理，引申为治世，天下太平之意。

【译文】

不去推崇品德高尚的人才，这样可以使民众不去争名夺利；不要把稀有的珍宝看得异常珍贵，这样可以使民众不因为想要占有而沦为盗贼；不要将能够诱发贪欲的事物展示出来给民众看，这样可以使民众的心思不被扰乱。

由此可见，圣人治理国家的最佳原则为：使民众心灵纯洁，帮助民众填饱肚子，弱化民众的不良欲望，强健民众的筋骨。总之，要让民众处于淡化思维和欲望的状态，让有才智的人也不敢肆意制造事端。遵循“无为”的原则，就没有治理不好的地方。

【解析】

上一章老子提出了他核心的政治理念——“无为”，这一章也提出了“无为”思想的具体操作：不尚贤，不贵难得之货，不可见欲，使民无知无欲。

春秋战国时期，随着西周统一王政体制的解体，出现了各个诸侯国各自为政的局面，“王政”也逐渐被“霸政”所替代，即由重礼治转变为重人治，各国争霸态势形成，各个诸侯国之间的纷争战乱也成为常态。各个诸侯国为了富国强兵，而后攻取列国，一统天下成就霸业，纷纷求贤若渴，选贤用能成为一股强大的时代潮流。

面对这种时代背景，如何结束当时的纷争战乱的状态，让生活回归到其本来的良好秩序，是每一个思想家都在思考的问题，于是诸子百家并称于世，他们或是纵横捭阖，或是游说诸侯，或是著书立说，自由地阐发自己的人生哲学和政治观点。

对于当时社会大变革中产生的种种弊端，特别是苛重的租税和劳役、频繁的战事所导致的经济凋敝和艰辛的民生，以及统治者的伪善、贪婪、残暴不仁等，诸子百家都对其进行了深刻的反思，并希望能从理论上探求其原因。由此，老子提出了其“无为”政治主张的具体方法：不尚贤，民就不会争；不贵难得之货，民就不会夺利；不可见欲，民心就不会乱。

而在治理百姓这点上，老子认为应像圣人那样：让百姓填饱肚子、身体强健，但少想事，甚至不想事，即“民无知无欲”“智者不敢为”，这样才能达到“无为”而“无不治”的良好状态。

【名家注解】

河上公：

贤谓世俗之贤，辩口明文，离道行权，去质为文也。不尚者，不贵之以禄，不尊之以官也。不争功名，返自然也。言人君不御好珍宝，黄金弃于山，珠玉捐于渊也。上化清净，下无贪人。放郑声，远佞人。不邪淫，不惑乱也。

说圣人治国与治身同也。除嗜欲，去烦乱。怀道抱一，守五神也。和柔谦让，不处权也。爱精重施，髓满骨坚。返朴守淳。思虑深，不轻言。不造作，动因循。德化厚，百姓安。

四章

【原文】

道冲①，而用之或不盈②。渊③兮，似万物之宗。（挫④其锐，解⑤其纷，和⑥其光，同其尘⑦。）湛⑧兮，似或存⑨。

吾不知谁之子，象⑩帝之先。

【注释】

①冲：通“盅”，空虚，虚无。

②盈：满，这里意为极致，极限。

③渊：渊源，深远。

④挫：消磨。

⑤解：解除，消解。

⑥和：调和，隐蔽。

⑦尘：尘垢，尘世。括号中的这四句与前后文不合，应移至五十六章。

⑧湛：深沉，静谧。这里形容确实存在但看不清真实形迹的“道”。

⑨似或存：似乎存在。

⑩象：同“像”，似乎。

【译文】

“道”看似虚无，但它的作用又似乎没有极限。它的深远无法探及，就如同万物的宗源。（它将自己的锐气完美收敛，却又能解开重重纷杂；将自己的光芒隐藏，又能与俗尘混同。）它深沉得难以了解，而又似乎时时刻刻存在于万物的四周。

我并不知道是谁孕育了这样的“道”，似乎天帝出现之前它就已经存在于世间了。

【解析】

本章依然是在讲“道”，专门论述“道”的“用”，即“道”的内涵。本章先用比喻的形式来赞美“道”的无限，然后用排比的形式来铺陈“道”的作用和特点，最后以设问句的形式来表达对“道”的推崇敬仰。

前文已经讲过，“道”的特点是虚无、虚空，感觉就像是盅那样的一个中空的器物，其中盛载的东西用之不竭，无穷无尽；感觉就像是深渊那样玄远深邃又湛然常在，就像一切万物生发一般在静默的运动中由“道”生发。

道的作用，是“挫其锐，解其纷，和其光，同其尘”。锐、纷、光、尘都是一切万物的表象，即现象世界的一切杂多以及基于杂多而产生的诸多差别：“锐”为才能突出，“纷”为纷繁杂多，“光”为清晰具体，“尘”为感官的分别对境，而它们的本原都是“道”。

在“道”的状态里，一切万物的存在皆为自然，皆没有才与不才，所以是“挫其锐”；一切万物的表象虽然各不相同，但其本原却同为一个，万物纷繁杂多的表象得以消解，所以是“解其纷”；一切万物都是以可感的、有限的形式来呈现，是边界清晰而具体的，但其中蕴含着“道”的无限，所以是“和其光”；一切万物都是由人们的感官分别出来的对象、对境，因此有了一切万物的种种分别，但“道”平等看待一切万物，所以是“同其尘”。

也就是说，如果我们能够以“道”观物，便能体会到一切万物混然为一的“道”的境界。

【名家注解】

河上公：

冲，中也。道匿名藏誉，其用在中。或，常也。道常谦虚不盈满。道渊深不可知，似为万物之宗祖。锐，进也。人欲锐精进取功名，当挫止之，法道不自见也。纷，结恨也。当念道无为以解释之。言虽有独见之明，当如暗昧，不当以曜乱人也。当与众庶同垢尘，不当自别殊。言当湛然安静，故能长存不亡。

老子言：我不知道所从生。道似在天帝之前，此言道乃先天地生也。至今在者，以能安静湛然，不劳烦欲，使人修身法道。

五章

【原文】

天地不仁[①]，以万物为刍狗[②]；圣人不仁，以百姓为刍狗。

天地之间，其犹橐籥[③]乎？虚而不屈[④]，动而愈出。

多言数穷[⑤]，不如守中[⑥]。

【注释】

①仁：仁爱之心。这里意为没有意志和感情，只是自然地存在。

②刍狗：用喂牲畜的草扎成的狗，比喻低贱。刍狗主要在古代祭祀时使用，祭祀期间备受重视，但祭祀完毕后就变得毫无用处，被随意丢弃。

③橐（tuó）籥（yuè）：风箱，古代鼓风吹火用的器具。

④屈：此处念“jué”，与“绝”意思相近，意为匮乏。

⑤穷：穷困，穷尽，走投无路。

⑥中：与前文“冲”同意，通“盅”，此处意为极端平静的状态。

【译文】

天地并没有人的思维，所以没有仁慈之心，将世间万物都看作祭坛上用喂牲畜的草所扎的狗，让它们自荣自枯；圣人也应当效仿天地，没有任何偏爱，把百姓当作祭坛上用喂牲畜的草所扎的狗，让其自生自灭。

天地之间，是否就像为火炉鼓风的风箱？它内部看似空虚，其实并不匮乏，越是鼓动起来，内部的风反而越是向外散去。

反思一个人的言行，往往是因为他说话太多而把自己逼上了绝路，与其如此，倒不如保持自己内心的平静，把话放在心里，反而能得到更多。

【解析】

本章论述的是老子关于道体自身实在状态之性质的价值判断，这一点或许最能体现道家与儒家的根本差异。

道家、儒家虽然都认为“道”是一切万物存在的本原，但关于一切万物皆从其所“生”的本原性实在的自身性质及其价值意义的判断，二者并不相同。

儒家认为正是因为一切万物是由“道”生发，而“生发”一切万物的行为，便是最高的德行，因此儒家把天地本身的“生物不测”视为最高美德的体现，将“道”视为“善本身”“至善”。

道家则认为“道”的自身实在状态，只不过是其本然性的、如其自身所是的一种状态而已，是“自然”。既然是“自然”，那就不能用任何人为的方式去对它进行任何价值评定，因为人们关于价值的概念，不过是关于现象的相对价值的一种判别，而“道”的存在超越于现象的相对性，自然也超越于价值的相对性，它无所谓善恶，所以天地也完全没有意志，对百姓也就不会有爱憎的区别，它不会因为你祭祀它就优待你，也不会因为你不祭祀它而伤害你。一切万物只有合乎“道”，便能长久存在；一切万物如果不合乎“道”，则必定会灭亡。

在老子看来，天地就如那冶炼时为炉火鼓风的橐籥，看似虚空，却又源源不断，用之不竭，所以最好的办法就是清静无为，持守冲虚。

【名家注解】

河上公：

天施地化，不以仁恩，任自然也。天地生万物，人最为贵，天地视之如刍草狗畜，不责望其报也。圣人爱养万民，不以仁恩，法天地任自然。圣人视百姓如刍草狗畜，不责望其礼意。

天地之间空虚，和气流行，故万物自生。人能除情欲，节滋味，清五脏，则神明居之也。橐籥中空虚，故能有声气。言空虚无有屈竭时，动摇之，益出声气也。

多事害神，多言害身，口开舌举，必有祸患。不如守德于中，育养精神，爱气希言。

六章

【原文】

谷神①不死，是谓“玄牝②”。玄牝之门③，是谓天地根。绵绵④若存，用之不勤⑤。

【注释】

①谷神：即“道”。谷本身有虚空、开阔的特点，形容“道”如同山谷一样博大。神则形容“道”的神奇和变幻莫测。

②牝（pìn）：雌性的鸟或兽，这里指能孕育一切的“道”。

③门：雌性动物的生殖器，指制造天地、生育万物的根源。

④绵绵：形容如丝线般连绵不绝的样子。

⑤勤：尽。

【译文】

“道”仿佛能包容一切，同时又变化万千，并且永远不会消亡。它是缔造一切生命和非生命的母体，而这样神秘的母体有个孕育万物的出口，这个出口就是天地的根源。这个出口如丝絮般连绵存在却又难觅行迹，但它的作用无穷无尽。

【解析】

本章将“道”比喻为“谷神”，来继续直接描述“道”的功用。

“谷”是指山谷，它和“道”都具有虚空的特点，山谷地势低洼空虚，中间空空如也，但周围有山丘、谷底有泉水，泉流汩汩不绝，土壤松软肥沃、空气湿润良好，草木也就茂盛生长，一派欣欣向荣的景象。而“道”也是广大空寂的，一切万物也是在“道”中生生不息、绵绵不绝。“神”则是形容“道”的神秘莫测，变化无穷。

在这里，老子没有借助盘古开天、女娲造人的创世神话，只是如实地还原万物生成的本相，即“道”就是一个母体，她生发天地，孕育万物，让万物生生不息，这不是一般的母性可比，所以叫作玄牝，即昏暗不明不知有无的母体。

“绵绵若存，用之不勤。”老子再次重申了“道”应用起来是无穷无尽的，在“道”的力量的推动下，一切万物才能生生不息，不断变化。

【名家注解】

河上公：

谷，养也。人能养神则不死也。神，谓五脏之神也。肝藏魂，肺藏魄，心藏神，肾藏精，脾藏志。五藏尽伤，则五神去矣。言不死之道，在于玄牝。玄，天也，于人为鼻。牝，地也，于人为口。天食人以五气，从鼻入藏于心。五气清微，为精神聪明，音声五性。其鬼曰魂，魂者雄也，主出入人鼻，与天通，故鼻为玄也。地食人以五味，从口入藏于胃。五味浊辱，为形骸骨肉，血脉六情。其鬼曰魄，魄者雌也，主出入人口，与地通，故口为牝也。

根，元也。言鼻口之门，乃是通天地之元气所从往来也。鼻口呼噏喘息，当绵绵微妙，若可存，复若无有。用气当宽舒，不当急疾勤劳也。

七章

【原文】

天长地久。天地所以能长且久者，以[1]其不自生，故能长生。

是以圣人后其身[2]而身先[3]，外[4]其身而身存。非以其无私耶？故能成其私。

【注释】

①以：因为。

②身：本身，自身，自己。

③先：居于先。这里意为站在众人之前。

④外：在……外。这里是说将一切置之度外，不过分考虑和在乎。

【译文】

天与地一直长存于世间（道家思想中，天地的长存是

相对于万物的兴起和消亡而言的，如果就天地本身而论，天与地也并不是永恒存在的）。天与地能够长久地存在的原因，在于它们不为自己而生，反而能够长久。

因此，圣人让自己位于众人之后，可是他的思想和步伐反而走到了众人的前面；没有过于在乎自己的生命，反而更好地保全了自己的生命。这难道不是能够抛开一己之私的缘故吗？正是因为没有私心，反而成就了自己的私心。

【解析】

本章是对六章“道”的功用的进一步阐述。

在老子的思想体系中，“天地”只是“道”生发的有形之物，无法像“道”那样没有形体、不生不灭，却具有长存而不至于崩裂的特征。老子认为，天地之所以能长久存在而不至于崩裂，是因为天地的运行都不是出于自己的意志，即天地的变化、天道的运行完全是自然的、无目的但又合目的的。无目的，是指天地“不自生”。不是为了自身；合目的，是指天地的运行合乎“道”，所以能“天长地久”。

体悟了“道”的人，就是“圣人”，圣人效法天地，纯任自然地生活，“后其身”，考虑问题不以自身为先，即便利益当前，也不以满足自身的利益为先决条件，却反而能够获得更多的资源；“外其身”，当危难时刻、紧急关头、大利当前之时，把自身置之度外，不去考虑自身是否存在这个问题，却反而能够保存自身。正是因为圣人没有私心，反而成就了他自己。

可以说，老子在这章着重提倡人们控制自己的私欲，不把自己的意欲放在前头，不以自身的利害做优先考虑，这其实是一种了不起的谦退精神。

【名家注解】

河上公：

说天地长生久寿，以喻教人也。天地所以独长且久者，以其安静，施不求报，不如人居处汲汲求自饶之利，夺人以自与也。以其不求生，故能长生不终也。

先人而后己也。天下敬之，先以为官长。薄己而厚人也。百姓爱之如父母，神明祐之若赤子，故身常存。圣人为人所爱，神明所祐，非以其公正无私所致乎？人以为私者，欲以厚己也。圣人无私而己自厚，故能成其私也。

八章

【原文】

上①善若水。水善利万物而不争，处众人之所恶②，故几③于道。

居善地，心善渊④，与⑤善仁，言善信，正善治⑥，事善能，动善时⑦。

夫唯不争，故无尤⑧。

【注释】

①上：至上，最。

②恶：厌恶，不喜欢。

③几：几乎，接近。

④渊：沉静，深藏不露。

⑤与：交往，相处。

⑥正善治：从政把国家治理好。

⑦时：准时，引申为抓住有利的时机。

⑧尤：埋怨，责怪。

【译文】

最高的品德和修养（亦指拥有最高品德和修养的人）就如同水一样。水善于滋养万物而不与万物相争，又处于众人都不愿意居住的地方，所以水的这种境界已经接近于“道”了。

居住时选择地势低的地方，内心如深谷一般沉静、广阔，与人相交时保持一颗仁爱的心，说话诚实，从政则能够将国家管理得井井有条，处事的时候善于发挥自己的长处来解决难题，行动时则善于把握有利的时机。

这种不与万物相争，水（道）一般的心态，自然不会引来他人的埋怨和责怪。

【解析】

本章中，老子用水来比喻“道”，阐述了“道”利万物而不求回报、处下不争的品格。

在“道”生发的自然界万事万物中，老子认为“水”最接近于“道”，因为水总是滋润万物而不求回报，也不与万物争宠夺利，甘心停留在最低洼、最潮湿、最肮脏的地方，所以老子最推崇水，在《道德经》中多次极力宣扬水的谦卑处下的品格。而正是因为水这种谦卑处下的品格，“道”让水成为自然界最大最强的存在，万物都无法超越它，因此水只能为万物做奉献，而无法从万物处获得回报。

而体悟了“道”的圣人，也能像水那样拥有谦卑处下的品格：像水那样甘愿处于卑下的地方，心胸像水那样浩瀚沉静，与人相交时像水那样容纳他人，与人言谈时像水那样言而有信，为政时像水那样有序治理，办事时像水那样极尽其能，行为像水那样依时而动。

当圣人像水那样滋润万物而不与万物相争，自然就不会有过失，也不会招致他人的怨恨，也就会像水成为自然界最强大的存在那样，成为人世间最强大的存在。

【名家注解】

河上公：

上善之人，如水之性。水在天为雾露，在地为泉源也。众人恶卑湿垢浊，水独静流居之也。水性几于道同。水性善喜于地，草木之上即流而下，有似于牝动而下人也。水心空虚，渊深清明。万物得水以生，与虚不与盈也。水内影照形，不失其情也。无有不洗，清且平也。能方能圆，曲直随形。夏散冬凝，应期而动，不失天时。

壅之则止，决之则流，听从人也。水性如是，故天下无有怨尤水者也。

九章

【原文】

持而盈①之，不如其已②。

揣而锐之，不可长保。

金玉满堂，莫之能守。

富贵而骄，自遗其咎③。

功遂④身退，天之道⑤。

【注释】

①盈：满，这里指自满、骄傲。

②已：止，这里意为不要继续了。

③咎：过失，祸患。

④遂：遂愿，这里指名声到达了自己想要的位置。

⑤道：自然规律，也指天地间的大道。

【译文】

自恃能力高而骄傲自满，不如适可而止；即使将铁器打磨得非常锐利，这种锋锐也难以保持很长时间。

将黄金美玉堆满自己的厅堂，却无人能够长久地守住这些财富；若因为富有而骄横，通常会为自己带来意想不到的祸患。

所以，当自己功成名就的时候，就应该急流勇退，因为这样做才符合天地间的大道，并能使自己远离灾祸。

【解析】

这一章，老子通过自然之道引申为人之道，劝诫世人凡事不可固执，要懂得功成身退。

追求功名富贵，是人之常情。但如果过于追求功名富贵，就会使事物向着相反的方向转化，这就是“物极必反”的自然法则。为了更为形象地说明“物极必反”这个自然法则，老子列举了两个生活中十分常见的例子：一个例子是，往杯子里倒水，水会逐渐装满整个杯子，当水超过了杯子能盛载的量，水就会溢出来，杯子也就失去了盛载水的作用；另一个例子是，打磨得再锋利的兵刃，放置的时间久了，也会因为受到空气的氧化作用而锈蚀钝化，兵刃也就失去了以利刃攻击的作用。

人也是自然界万物中的一物，自然也受到“物极必反”这个自然法则的支配。人如果像盛载水的杯子那样一味追求功名富贵，任黄金美玉堆满自己的厅堂，反而无法

守住那些财富；人如果像锋利的兵刃那样富贵骄人，就可能为自己招致意想不到的灾祸。

因此，老子在这里劝诫人们要顺应“道”，回归自然，即人们预期处心积虑地成全私欲，不如见好就收，功成身退。

【名家注解】

河上公：

盈，满也。已，止也。持满必倾，不如止也。揣，治也。先揣之，后必弃捐。嗜欲伤神，财多累身。夫富当赈贫，贵当怜贱，而反骄恣，必被祸患。言人所为，功成事立，名迹称遂，不退身避位，则遇于害，此乃天之常道也。譬如日中则移，月满则亏，物盛则衰，乐极则哀。

十章

【原文】

载[①]营魄[②]抱一[③]，能无离乎？

専[④]气致柔，能婴儿乎？

涤除玄鉴[⑤]，能无疵乎？

爱民治国，能无知乎？

天门[⑥]开阖[⑦]，能为雌[⑧]乎？

明白四达，能无为乎？

（生之畜[⑨]之，生而不有，为而不恃，长而不宰，是谓“玄德[⑩]”。）

【注释】

①载：语助词，相当于“夫”。

②营魄：魂魄。

③抱一：合而为一。

④専：聚集。

⑤涤除玄鉴：清除内心的杂念，以直觉对心智进行深入地观照。

⑥天门：自然之门。对人而言，指眼、耳、口、鼻等生来就具有的感官，这些感官可以与外界接触，如同一扇门，故以“门”称。

⑦阖：通“合”，关闭。

⑧雌：宁静，柔弱，谦和。

⑨畜：养育。

⑩玄德：奥妙深邃的德行。括号中的句子与上文不合，应移至五十一章。

【译文】

身体与灵魂合而为一，就能够不偏离大道吗？

聚集精气，追求柔和温顺的形态，就能够像婴儿一样吗？

摒除内心的杂念，进而观照灵魂深处，就能够做到心中毫无瑕疵吗？

热爱百姓，将国家治理好，就能不利用智巧吗？

生来具有的感官在接触外界时，能够做到安静保守吗？

当自己的心智非常明白通达的时候，为人处世能做到真正的无为吗？

（所谓奥妙深邃的大德行，往往就是孕育万物、培养万物而不据为己有，同时更不自恃有功而凌驾于万物之上，更不会因为自己是万物之长而主宰万物。）

【解析】

在这一章，老子阐述了一个人修身应该达到的境界。

老子主张人的精神要与“道”融为一体，即涤除杂念，摒弃私智，专精守气，返璞归真，尚弱贵柔，居下为雌，无知无识，老子将其形象地概括为“婴儿”的状态。

在老子看来，婴儿是一切万物中最天真、最精纯、最接近于“道”的一物。和成人相比，婴儿具有精气十足和柔软两大特点。精气，是指一个人的先天之气，婴儿之所以十分柔弱，就是因为他被精气环绕的结果。随着人渐渐地长大，精气也逐渐地丧失，人也就变得越来越僵硬，当精气消耗殆尽，人就会完全僵化，也就走向了死亡。

成人如何让自已像婴儿一样柔弱呢？老子给出的建议是：涤除玄鉴。涤除玄鉴，是一种高级的修炼心法，是用意念的力量把人内心的杂念排除出去。而要做到把人内心的杂念排除出去，人首先要认清一点，即物欲世界和思想世界的一切皆为虚妄，也就是“道”即为虚空，这样人内心的杂念自然就能排出大脑了。

如何涤除玄鉴呢？老子给出的具体操作方法是：“天门开阖。”天门，指人体的口、鼻、耳、目等感官，这些都是先天所赋予的，所以称之为天门，天门是人与自然界沟通的要道。天门开阖，就是让外界的正能量从天门进来，让身体的负能量从天门出去，用现在的说法就是静坐、调整呼吸。

当人做到像婴儿一样柔弱，自然也就能身处这万千世界而无知无欲，自然无为，就顺应了“道”。

【名家注解】

河上公：

营魄，魂魄也。人载魂魄之上得以生，当爱养之。喜怒亡魂，卒惊伤魄。魂在肝，魄在肺。美酒甘肴，腐人肝肺。故魂静志道不乱，魄安得寿延年也。言人能抱一，使不离于身，则身长存。一者，道始所生，太和之精气也。故曰一。一布名于天下，天得一以清，地得一以宁，侯王得一以为正平，入为心，出为行，布施为德，总名为一。一之为言志一无二也。

专守精气使不乱，则形体能应之而柔顺。能如婴儿内无思虑，外无政事，则精神不去也。

当洗其心，使洁净也。心居玄冥之处，览知万事，故谓之玄览也。不淫邪也，净能无疵病乎。

治身者，爱气则身全；治国者，爱民则国安。治身者呼吸精气，无令耳闻；治国者，布施惠德，无令下知也。

天门谓北极紫微宫。开阖谓终始五际也。治身，天门谓鼻孔，开谓喘息，阖谓呼吸也。治身当如雌牝，安静柔弱，治国应变，和而不唱也。

言道明白，如日月四达，满于天下八极之外。故曰：视之不见，听之不闻，彰布之于十方，焕焕煌煌也。无有能知道满于天下者。

道生万物而畜养之。道生万物，无所取有。道所施为，不恃望其报也。道长养万物，不宰割以为器用。言道德玄冥，不可得见，欲使人如道也。

十一章

【原文】

三十辐[①]共一毂[②]，当其无，有车之用；

埏埴[③]以为器，当其无，有器之用；

凿户牖[④]以为室，当其无，有室之用。

故有之以为利，无之以为用。

【注释】

①辐：古代车轮中的木条。古时候的车轮由三十根辐条构成，这个数字取法于每月三十日的历次，寓意为轮转向前。

②毂（gǔ）：车轮中心的圆木，其中有圆孔，用来穿插车辐并连接车轴。

③埏（shān）埴（zhí）：搅拌泥土。

④户牖（yǒu）：门窗。

【译文】

三十根辐条聚集在车轴上，就有了车轴中心的空虚之处，如此车子才能正常运行，也就有了真正的作用。搅拌并揉捏泥土，将它做成器皿，而器皿有了中间空虚的地方，才能盛放东西，这才有了器皿的作用。开凿门窗修建房屋，让整个房屋之中有足够用来摆放家具并居住的空间，这才有了一个房屋真正的作用。由此可见，如果对实实在在、看得见摸得着的材料进行改造，就会使这些材料本身产生作用，而改造材料时出现的许多看不见摸不到的元素也会产生作用。

在有形与无形相互依存的同时，发挥的作用也是相互依存的，人们往往用有形的物体来制造无形的元素，在使用之时无形的部分往往更加被人需要。

【解析】

这一章，老子用“车”“器”“室”做比喻，生动形象地阐述了“道”的“有”“无”相互依存、相互为用的辩证统一的关系。

老子看到世人只重视“有”而忽视“无”，而有”“无”是相互依存、相互为用的，而且“无”能产生很大的作用，只不过不容易被一般人察觉到罢了，于是老子特意在这一章将“无”的作用彰显出来。

在老子看来，所有对“有”的部分的改造，都是为了更好地发挥“无”的部分作用。比如将三十根辐条穿在轴套上，就是对“有”的部分的改造，这样反而有利于发挥中空的轴套“无”的作用，车子才能发挥奔跑的作用。用泥土捏造成器皿，也是对“有”的部分的改造，这样才能发挥中间器皿“无”的作用，器皿才能承载东西。开凿门窗建造房屋，就是对“有”的部分的改造，这样才能发挥中空的房屋“无”的作用，容人居住。

“道”就存在于“有”“无”对立统一的关系中，或者说，“道”本身就有“有”和“无”这两个对立面，人可以看到“道”“有”的一面，即“道”生发的姿态万千的自然界，但人却看不到“道”“无”的一面，即对立统一的规律，只能去领悟，肉眼是无法看到的。而只有看到“有”“无”这对立统一的两面，我们才能真正体悟“道”。

【名家注解】

河上公：

古者车三十辐，法月数也。共一毂者，毂中有孔，故众辐共凑之。治身者当除情去欲，使五藏空虚，神乃归之。治国者寡能，总众弱共使强也。无，谓空虚。毂中空虚，轮得转行；舆中空虚，人得载其上也。

埏，和也。埴，土也。和土以为饮食之器。器中空虚，故得有所盛受。谓作屋室。言户牖空虚，人得以出入观视；室中空虚，人得以居处，是其用。

利，物也，利于形用。器中有物，室中有人，恐其屋破坏；腹中有神，畏其形亡也。言虚空者乃可用盛受万物，故曰虚无能制有形。道者空也。

十二章

【原文】

五色[①]令人目盲[②]，五音[③]令人耳聋，五味[④]令人口爽[⑤]，驰骋[⑥]畋猎[⑦]令人心发狂，难得之货令人行妨[⑧]。

是以圣人为腹不为目。故去彼取此[⑨]。

【注释】

①五色：古人把红、黄、青、白、黑喻为五色。

②目盲：指令人眼花缭乱。

③五音：古代音律分宫、商、角、徵（zhǐ）、羽五音。之后才加入半徵、半商，合成七音。

④五味：酸、甘、辛、苦、咸，这里指各种口味的美食。

⑤口爽：失去味觉。

⑥驰骋：纵马疾行，这里指纵情游荡。

⑦畋猎：以伤害动物的方式打猎。

⑧行妨：妨害行为，这里指做出伤害道德的行为。妨，伤害。

⑨去彼取此：摒弃那些，应用这些。彼，代指前文不好的方式。此，代指前文好的方式。

【译文】

当自己的眼前被五光十色的花花世界所填充时，眼光就会变得迷乱而看不清真实的事物；当耳边充斥着嘈杂的音乐时，自己的耳朵也会失去灵敏的听觉，进而听不到真正动听的乐曲；当自己像饕餮一般吞食着世上各种珍馐美味的时候，自己的舌头也就无法品尝出真正的美味了；每日都纵情于骑马狩猎，自己的心情和神志也会因为猎杀而变得狂乱；而面对奇珍异宝，人就很容易做出有损于道德的行为。

因此，圣人应当仅仅追求果腹温居，而不是追求声色犬马的享受，更应当摒弃那些欲望的诱惑，保持恬静的生活方式。

【解析】

这一章，老子对人们因外物的追逐、享乐而导致生存存在及其价值沉沦的揭示，涉及了欲望的限度问题，也有与这一问题相关联的身心统一问题。

随着物质文明的发展，人们的物质生活水平不断提高，精神状态却在不断堕落。上层贵族为了寻求感官刺激，穷极于山珍海味，纵情于声色犬马，过着奢侈荒淫的生活。

眼、鼻、口、耳本来是为人服务的感官，许多人却沦为了这些感官的奴隶，为感官所驱使，何等悲哀啊！

老子认为，让人沦为感官的奴隶的五大元素，分别是五色、五音、五味、猎杀和珍贵的物品，每当人们醉心于这五大元素或者其中任何一种的时候，都会认为自己是在享受，但事实恰恰相反，这些东西会给人带来巨大的危害，或者说让人无法得到真正应该得到的快乐，这种快乐就是前文提到的“无欲无为”。

就更深一层而言，真正的享受应该是理性的节制，享受“无”，而不是虚华地放纵并享受奢侈的“有”，这一点遵从道家“贵无不贵有”的思想。简单而言，追求声色物欲的满足容易让人的价值观和道德观扭曲，即使物质文明得以进步，精神文明也会枯萎，人也就会离“道”越来越远。

因此，老子劝诫世人不要去追求感官的刺激，不要过穷奢极侈、荒淫糜烂的生活，而要过能果腹即可的简朴生活，保持心志的淡泊、心态的宁静，才符合“道”，才能体悟自然无为的“道”。

【名家注解】

河上公：

贪淫好色，则伤精失明，不能视无色之色。好听五音，则和气去心，不能听无声之声。爽，亡也。人嗜于五味，则口亡，言失于道也。人精神好安静，驰骋呼吸，精神散亡，故发狂也。妨，伤也。难得之货，谓金银珠玉，心贪意欲，不知餍足，则行伤身辱也。

守五性，去六情，节志气，养神明。目不妄视，妄视泄精于外。去彼目之妄视，取此腹之养性。

十三章

【原文】

宠辱[1]若惊，贵[2]大患若身。

何谓宠辱若惊？宠为上，辱为下[3]。得之若惊，失之若惊，是谓宠辱若惊。

何谓贵大患若身？吾所以有大患者，为吾有身；及吾无身，吾有何患？

故贵以身为天下者，若可寄天下；爱以身为天下，若可托天下。

【注释】

①宠辱：得宠和受辱。

②贵：以之为贵，看重，重视。

③下：低下，卑下的。

【译文】

常人得宠或者被侮辱时就如同受到惊吓一般，将大患看得像自己的身体一样重要。

什么叫作得宠或者被侮辱时就如同受到惊吓？其实得宠并不一定是开心的事，因为得宠就会担心失宠，失宠就如同受辱，得到与失去都是因为自己身份卑微、在人之下，这就是我们所说的为何得宠或者被侮辱都是卑下的事，同时又如同受到惊吓。

什么又叫作将大患看得像自己的身体一样重要？我们之所以有大患，是因为拥有身体，害怕身体受到伤害，担心身体会陨灭；如果自己没有了身体，那还有什么值得担心的呢？

因此，如果一个人把天下和自己的身体看得同等重要，也许就可以把天下委托给他了；如果他忘掉了自己，心里只有天下，就可以把整个天下完全托付给他了。

【解析】

这一章，老子所讲的主旨是“贵身”，即珍重自己的躯体，珍爱自己的生命，并以“贵身”的态度去治理天下。

人人皆贵自身，是人世间一个普遍的生活现象，老子所说的“贵身”，其实也就是人的尊严问题。在老子看来，尊严虽然是一个与面子和地位毫无关系的东西，人人都有尊严，但并不代表人人平等，因此老子才说“宠为下”，即受宠、受侮辱就代表地位低下。

一个人过于看重尊严、荣辱，同样对自身有害，很多人以为受辱伤害了自尊，其实受宠同样如此，因为被宠的前提就是默认自己的地位比对方低下，而且宠辱之间还有患得患失的情绪，对自己的心灵与精神更是不小的损害。

重视自己的身体是人的天性和本能，人们在很多时候都会更多地为自己着想。老子认为，人是不可能没有自身的，没有自身，就不能称之为人了，但可以把自身变成无限大或是无限小，无限大或无限小，正是“道”。

老子提出的“贵身”，其实就是无视自己的身体，把自身变成无限大或无限小。也就是说，如果一个人对待天下的得失、荣辱、喜乐、伤痛像对待自己的身体一样，那么这个人治理天下是合格的；如果这个人对天下的关心能够超过对自己身体的关心甚至忘掉自己的身体，就是老子所说的“贵身”，那么选择这个人治理天下是明智的。

【名家注解】

河上公：

身宠亦惊，身辱亦惊。贵，畏也。若，至也。谓大患至身，故皆惊。

问何谓宠，何谓辱？宠者尊荣，辱者耻辱。及身还自问者，以晓人也。辱为下贱。得宠荣惊者，处高位如临深危也。贵不敢骄，富不敢奢。失者，失宠处辱也。惊者，恐祸重来也。解上得之若惊，失之若惊。

复还自问：何故畏大患至身。吾所以有大患者，为吾有身。有身则忧者勤劳，念其饥寒，触情从欲，则遇祸患也。使吾无有身体，得道自然，轻举升云，出入无间，与道通神，当有何患。

言人君贵其身而贱人，欲为天下主者，则可寄立，不可以久也。言人君能爱其身，非为己也，乃欲为万民之父母。以此得为天下主者，乃可以托其身于万民之上，长无咎也。

十四章

【原文】

视之不见，名曰“夷①”；听之不闻，名曰“希②”；搏之不得，名曰“微③”。此三者不可致诘④，故混而为一。其上不皦⑤，其下不昧⑥，绳绳⑦兮不可名，复归于无物⑧。是谓无状之状，无物之象，是谓“惚恍”。

迎之不见其首，随之不见其后。执古之道，以御今之有。能知古始⑨，是谓道纪⑩。

【注释】

①夷：无色。

②希：无声。

③微：无形。

④致诘：推究。诘，诘问，追问，反问。

⑤皦（jiǎo）：清晰，光明。

⑥昧：阴暗。

⑦绳绳：纷纭不绝。

⑧无物：事物没有固定的形状，这里指“道”。

⑨古始：宇宙的开始。

⑩纪：纲纪，引申为规律的意思。

【译文】

有些东西无色无形，根本看不到，可以把它称为“夷”；有些东西寂静无声，根本听不到，可以把它称为“希”；还有些东西没有实实在在的形状，根本无法触摸得到，可以把它称为“微”。对这三者不能够盘根究底地询问，因为它们原本就浑然一体。这个混合的事物外显的部分并不是非常明亮，隐含的部分也不是特别晦暗。它没有开始的端口，也没结束的尽头，无法用明确的语言表述出来，最终只能将其归结为超凡物质一般的存在。这也许就是一种没有形状的形状，一种没有实物的形象，一种若有若无的恍惚之感。

当我们去迎接它的时候，却看不见它的开头；追随它的时候，又看不到它的末尾。我们最应该做的是遵循早已存在的“道”，来掌握和驾驭现在能看到、听到、感触到的一切事物，认识到宇宙的开始，这也就是我们所讲的“道”的规律。

【解析】

这一章，是老子对“道”的描述，既讲了“道”是什么样子的，也讲了如何运用“道”的规律。

“道”是什么样子的呢？这其实很难描述，因为“道”是虚无缥缈的，它无声、无色、无形，我们无法看到、听到、摸到、感知到，但是“道”又的确是真实存在着的，而且它每时每刻都在按照自身独有的规律运动。

“道”虽然很难描述，但并非不可描述。虽然“道”无声、无色、无形，三者不能分辨清楚，但仍然可以勉强分辨清楚，至少老子就做到了这点。在老子看来，“道”具有虚无、混一、长存三大特点：虚无，是指“道”是视之不见，听之不闻、搏之不得的，也就是无色、无声、无形的，非人们感官所能感知的，是一种超经验的存在；混一，是指道体混而为一，不可致诘；长存，是指道虽然不为人所见，其存在却又能为人所感知到。

因此，老子将“道”归纳为：“道”既是一种状态，是物质世界的实体、宇宙的本原，又是一种规律，即支配万物运作变化的力量。

老子认为，只要体悟了“道”，遵循早已存在的“道”来管理今天的天下国家，就能使我们通晓彻悟世间万物的根本来处，进而能纲举目张，驾驭世间万物了。

【名家注解】

河上公：

无色曰夷。言一无采色，不可得视而见之。无声曰希。言一无音声，不可得听而闻之。无形曰微。言一无形体，不可抟持而得之。三者，谓夷、希、微也。不可致诘者，夫无色、无声、无形，口不能言，书不能传，当受之以静，求之以神，不可诘问而得之也。混，合也。故合于三名之而为一。言一在天上，不皦。皦，光明。言一在天下，不昧。昧，有所暗冥。绳绳者，动行无穷极也。不可名者，非一色也，不可以青黄（赤）白黑别；非一声也，不可以宫、商、角、徵、羽听，非一形也，不可以长短大小度之也。物，质也。复当归之于无质。言一无形状，而能为万物作形状也。一无物质，而为万物设形象也。一忽忽恍恍，若存若亡，不可见之也。一无端末，不可预待也。除情去欲，一自归之也。言一无影迹，不可得而看。

圣人执守古道，生一以御物，知今当有一也。人能知上古本始有一，是谓知道纲纪也。

十五章

【原文】

古之善为士者，微妙玄通，深不可识。夫唯不可识，故强为之容[①]：豫焉[②]，若冬涉川；犹兮[③]，若畏四邻；俨兮[④]，其若容；涣兮，若冰之将释；敦兮，其若朴；旷兮，其若谷；混兮[⑤]，其若浊。

孰能浊以静之，徐清？孰能安以久动之，徐生？保此道者，不欲盈[⑥]。夫唯不盈，故能敝而不成[⑦]。

【注释】

①容：形容，描述。

②豫焉：迟疑的样子。

③犹兮：犹，本意为猿猴类动物的警觉性。“犹兮”的

意思即为警惕、戒备的样子。

④俨兮：俨然，庄重、恭敬的样子。

⑤混兮：浑厚、朴实的样子。混，通“浑”。

⑥不欲盈：不求自满。盈，满。

⑦敝而不成：去旧存新。

【译文】

古时候善于行使“道”的人，精神境界通常远远超出一般人所能理解的水平，这些人处世微妙而玄奥，让人有一种深不可测的感觉。正是因为他们很难被常人理解和认识，所以在此勉强形容一下他们：他们总是小心谨慎，仿佛在冬天涉水过河，怕踩破冰层掉进寒水之中；他们总是警觉戒备，仿佛一个国王害怕邻国的军队随时来进攻自己的国家；他们总是恭敬郑重，仿佛是要去远方赴一场重要的宴会的客人一样；他们总是行动洒脱，仿佛是初春的冰块缓缓地消融；他们总是淳朴厚道，仿佛是一块浑然天成、未经人工雕琢的艺术品；他们总是豁达宏远，仿佛一座深幽的山谷，拥有承载一切的空间；他们总是浑厚朴实，仿佛浑浊的河水，并不排斥与万物相合。

谁能使浑水慢慢地澄清，变成净水？谁又能使寂静慢慢地变得活跃起来，让空间里出现生机？保持这种“道”的人不会自满，也正是因为他从来不会感到自满，所以才可以去旧存新，不断地完善自己，以永恒存在于天地之间。

【解析】

这一章，老子主要在讲善于体悟“道”、为“道”之人所表现出来的“德容”，即他们的容貌、行为等外部特征。

体悟了“道”，懂得运用“道”的规律的人，就是“善为道者”，因为体悟到了“道”的微妙幽深、不可名状，其容貌、行为也就表现出精微通达、深不可识的特点。正是因为“善为道者”的深不可识，所以老子说只能勉强地形容他们的容貌、行为等外部特征：小心谨慎、警觉戒备、恭敬郑重、行动洒脱、淳朴厚道、豁达宏远、浑厚朴实，这些特征其实都是自然的特征。

“善为道者”之所以很难被众人理解，是因为他们的精神境界比平凡的众人高出数倍，而且他们是微而不显、含而不露、高深莫测、为人处世从不自满高傲的。他们表面上看起来清静无为，其实内在富有创造性，这一点也符合“道”，因为“道”的规律就是静极而动，动极而静。

正是因为体悟了“道”，“善为道者”便能在混浊的状态下以静处之，静待混浊慢慢地澄清；便能使安静的事物长久地运动起来，慢慢地演化出生机。而要“保此道”，让生机长存，就要保持虚静，虚之若谷，永不盈满，反而能革故鼎新。

【名家注解】

河上公：

谓得道之君也。玄，天也。言其志节玄妙，精与天通也。道德深远，不可识知，内视若盲，反听若聋，莫知所长。谓下句也。

举事辄加重慎，与与兮若冬涉川，心难之也。其进退犹犹如拘制，若人犯法，畏四邻知之也。如客畏主人，俨然无所造作也。涣者，解散。释者，消亡。除情去欲，日以空虚。敦者，质厚。朴者，形未分。内守精神，外无文采也。旷者，宽大。谷者，空虚。不有德功名，无所不包也。浑者，守本真；浊者，不照然。与众合同，不自尊也。

孰，谁也。谁能知水之浊止而静之，徐徐自清也。谁能安静以久，徐徐以长生也。保此徐生之道，不欲奢泰盈溢。

夫唯不盈满之人，能守蔽不为新成。蔽者，匿光荣。新成者，贵功名。

十六章

【原文】

致虚极，守静笃[①]。

万物并作，吾以观复[②]。

夫物芸芸[③]，各复归其根。归根曰“静”，是谓“复命[④]”。复命曰“常[⑤]”，知常曰“明”。不知“常”，妄作凶。

知“常”容，容乃公，公乃王，王乃天，天乃道，道乃久，没身不殆[⑥]。

【注释】

①笃：极端，极致，极点。

②复：轮回，循环往复。

③芸芸：茂盛，繁杂，繁多。

④复命：回归原本的状态。

⑤常：常态，规律。这里指万事万物运动变化的永恒规律。

⑥殆：危险。

【译文】

心灵虚空到极点，内心静谧到极点，人们应当用这种心态面对世间万物的变化，这样才可以更容易地接受和了解“道”。

世间万物共同蓬勃生长，我从万物的发展和变化中观察其循环往复的运动规律。这样的规律不外乎从生长到死亡，再从死亡到生长；从强到弱，再从弱到强，等等，以此生生不息，在变化中生成一种静态的规律。

万物纷纷纭纭，各自循归其本原。回归本原称之为寂静，仿佛不在运动，而这种寂静就是回归本原的状态。回归本原的状态可能以一种常态出现，它就是一种永恒的规律。能够了解这种永恒的规律才能称得上明智。如果不能了解这种规律而妄想胡作非为的话，就会给自己带来重大的灾难。

认识永恒的规律之后，通常能变得大度。只有拥有广阔心胸的人才能做到大公无私，大公无私才能顾全大局，进而君临天下。君临天下的人才能合乎自然的规律，能够顺从合乎自然的人才算得上得道。真正晓得“道”的真意，就能终生不受危难的侵害。

【解析】

这一章，老子亲自带领我们来体悟“道”，即带领我们“致虚”“守静”，学会从现象流变的常态之中体察一切现象事物的存在之“常”，并将其作为我们生活的根本指导。

前文已经提到过，“道”虽然是宇宙一切万物的母体，但它又是不能被我们的任何感官所感知到的，可以说它就是一个“实在的虚体”，它是一个真实存在的虚无。

我们的心灵也是一种“实在的虚体”，这点与“道”的“虚”相对应，因此我们只有凭借心灵这个虚无的东西，去体悟“道”这个虚无的东西，所以老子才要我们“致虚极，守静笃”，即排除各种私心杂念，回归到人本然的无知无欲状态，努力保守心灵的安宁平静。

老子认为，“动”是相对的，是形而下的世间万物；“静”是绝对的，是形而上的“道”的本质，也就是说“道”的原始状态就是“静”。要回到“道”的原始状态，老子提出了“归根”“复命”说，而只有“致虚”“守静”，才能“归根”“复命”，回归自然之道。

简单而言，无论是认识人生哲理，还是认识客观世界，最基本的态度是“致虚”“清静”“归根”“复命”。道的本体是一种虚无的状态，或者说是一种循环往复的运动规律，正因为其生生不息，运作起来才没有穷尽，而将这种规律运用得好，从个人到宇宙都会和谐地运作并长久地存在。

【名家注解】

河上公：

得道之人，捐情去欲，五内清静，至于虚极。守清静，行笃厚。

作，生也。万物并生也。言吾以观见万物无不皆归其本，人当念重其本也。

芸芸者，华叶盛也。言万物无不枯落，各复反其根而更生也。静谓根也。根安静柔弱，谦卑处下，故不复死也。言安静者是为复还性命，使不死也。复命使不死，乃道之所常行也。能知道之所常行，则为明。不知道之所常行，妄作巧诈，则失神明，故凶也。

能知道之所常行，则去情忘欲，无所不包容也。无所不包容，则公正无私，众邪莫当。公正无私，则可以为天下王。治身正则形一，神明千万，共凑已躬也。能王，则德合神明，乃与天通。德与天通，则与道合同也。与道合同，乃能长久。能公能王，通天合道，四者纯备，道德弘远，无殃无咎，乃与天地俱没，不危殆也。

十七章

【原文】

太上①，下知有之；其次，亲之誉之；其次，畏之；其次，侮之。信不足焉，有不信焉。

悠兮②，其贵言③。功成事遂，百姓皆谓："我自然④。"

【注释】

①太上：至高无上的，最理想的。这里指统治者治理国家达到最理想的状态。

②悠兮：悠然自得的样子。

③贵言：珍惜、重视言语，引申为不随便发号施令。

④自然：自己本来的样子。

【译文】

最高明的君主，是居下位的民众仅仅知道他的存在而已；其次的君主，是民众都亲近他、赞美他；再次的君主，是民众都畏惧他；再其次的君主，是民众都轻慢、侮辱他。一个君主如果自身不足以取信，自然不会有民众愿意相信他。

最高明的君主总是悠然自得的样子，他珍重自己的言语，所以从不随便发号施令。大功告成、事情圆满结束后，百姓们都说："我们本来就是这样的。"

【解析】

这一章，老子主要是在阐述自己的政治观，说明统治者的四个境界：太上、上、中、下。

老子认为，统治者治理国家最理想的状态，就是被统治的人民只是知道他的存在而已，这种理想的状态相当于"不治而治"，统治者本身只是一个代表，与人民之间相对平等，没有差别和约束；其次的一种统治状态就是人民都赞誉统治者，认为统治者非常英明，愿意亲近他；再次的统治状态就是人民害怕统治者，这种状态并不理想，统治者可能是采用暴力等非常手段控制人民，但还能够让人民听信或者听从自己的统治；最差的统治状态即是人民反对统治者，甚至反过来侮辱统治者，也就是形成了反抗。一个人如果不守信，失去了信用，那么其他人就不会信任他。

古时候最好的统治模式，就是统治者能够与人民愉快地相处，而不随便向人民发号施令。在遇到困难或者集体做一些事情的时候，即使事情顺利解决，大功告成，统治者也不会向人民居功，百姓也不会特别感激统治者，而是认为：这些都是我们自然做成的。这种状态同样是近于"道"的统治，就如上古《击壤歌》中所说的"日出而作，日入而息，凿井而饮，耕田而食，帝力于我何有哉？"

这是老子的理想政治：君主一任自然，民众也皆得其自然，没有强权压迫，没有劳累悲苦，世界处于一种大顺的状态之中。但老子的这种理想政治在当时是无法实现的，即便是在文明高度发达的今天也不过是一个乌托邦而已。不过老子的这种理想政治的意义不在于它能否实现，而在于它的指引作用。

【名家注解】

河上公：

太上，谓太古无名之君。下知有之者，下知上有君，而不臣事，质朴也。其德可见，恩惠可称，故亲爱而誉之。设刑法以治之。禁多令烦，不可归诚，故欺侮之。君信不足于下，下则应之以不信，而欺其君也。

说太上之君，举事犹，贵重于言，恐离道失自然也。谓天下太平也。百姓不知君上之德淳厚，反以为己自当然也。

十八章

【原文】

大道[①]废，有仁义；智慧[②]出，有大伪；六亲[③]不和，有孝慈[④]；国家昏乱，有忠臣。

【注释】

①大道：万物真实的运作规律。

②智慧：这里是贬义词，指为了争夺胜利而做出的虚伪之举。

③六亲：父、母、兄（姐）、弟（妹）、夫（妻）、子

女，泛指家人。

④孝慈：孝敬，慈爱。

【译文】

代表世间规律的“大道”被废弃之后，才有了所谓的仁义。那些为了争夺胜利的智巧之举出现之后，才产生了严重的欺诈行为。家人之间失去了和睦，才出现了所谓的父慈子孝。国家的政治陷入混乱，才出现了所谓的忠君爱国之士。

【解析】

这一章，老子讲的是他的社会观，也可以说是他的正直理论系统，而且带有明显的非儒色彩。

在这一章里，老子用短短几句，就深刻地抨击了当时国家混乱、六亲不和、伪诈盛行的病态社会现象，更对当时统治者所标榜的“忠孝”“仁义”“智勇”等儒家思想进行了讥讽。

在老子看来，如果一切都遵循本源的规律，也就是“道”，那么根本不会出现“仁义”“孝慈”“智慧”等现象，不要以为这些现象是好事，如同前文所言，好与坏是互相依存而出现的，出现了这些看起来好的元素，必然是坏元素也相应而生了。正是因为君上失德，大道废弃，民众不仁不义，才需要通过提倡“仁义”来挽救颓丧的风气，这至少还说明统治者的智慧尚足。而当统治者的智慧不足的时候，他们就会重视通过智巧来对抗社会上的伪诈现象，而智巧就意味着远离了“道”。远离了“道”，家庭就会不和睦，于是便希望通过倡导“父慈子孝”来挽救颓势。国家政治混乱，所以才显出忠臣的可贵来。这一切，都是因为远离了“道”所导致的。

与其费力地“纠偏”“匡正”，不如正本清源，返本复初，返璞归真，回归上古之世那样的自然无为的纯朴状态，也就是“道”的原始状态。总之，老子就是希望世间一切万物都能按照本原的规律运作，达到“道”的状态。

【名家注解】

河上公：

大道之时，家有孝子，户有忠信，仁义不见也。大道废不用，恶逆生，乃有仁义可传道。智慧之君贱德而贵言，贱质而贵文，下则应之以为大伪奸诈。六纪绝，亲戚不和，乃有孝慈相牧养也。政令不行，上下相怨，邪僻争权，乃有忠臣匡正其君也。此言天下太平不知仁，人尽无欲不知廉，各自洁己不知贞。大道之世，仁义没，孝慈灭，犹日中盛明，众星失光。

十九章

【原文】

绝圣弃智[①]，民利百倍；绝仁弃义，民复孝慈；绝巧弃利，盗贼无有。此三者，以为文[②]不足，故令有所属[③]。见素抱朴[④]，少私寡欲。

【注释】

①智：智巧。

②文：条文，法则。

③属：归属，从属，适从。

④见素抱朴：保持本色。素，指未经染色的棉丝。朴，指未经雕琢的木头。

【译文】

统治者不能自作聪明，而应丢弃那些智巧，这样人民就可以得到百倍的福利。统治者抛弃那些虚伪的仁义，人民就能够重新变得孝敬和慈爱。抛弃巧诈和趋利的思想，盗贼也就不会出现了。以“圣智”“仁义”“巧利”作为治世的法则是远远不够的，这些并非人民内心的基本思想，所以不足以拿来治理天下。

所以，要让人民的思想有所归属：保持纯洁朴实的本性，减少心中不该有的杂念和欲望。

【解析】

这一章，是上一章的延续，还是在讲老子的社会观，上一章是叙述大道废弃后的种种社会病态现象，这一章则是针对病态社会提出了治理的方案。

前文讲过，“道”是没有善与不善的，它涵盖了价值世界中的一切相对价值形态，是浑沦圆具的价值大全，因此“仁义”“慈孝”等相对价值的出现，其实是远离“道”的表现。而任何对相对价值的倡导都不可避免地会在事实上导致其“价值逆转”，使得某一相对价值翻转为它的相对面。而要想避免这种“价值逆转”的现象，最根本的方法就是消解相对价值，回到无善无不善的“道”的朴素价值观。

所以老子才说，抛弃聪明智巧，人民可以获利百倍；抛弃仁义，人民可以恢复父慈子孝；抛弃机巧和功利，就不会有人去做盗贼。抛弃聪明智巧、抛弃仁义、抛弃机巧和功利都是在“拔本塞源”，也就有利于回归“道”的本原状态，达到自然无为的境界。

不过老子又认为，光是用抛弃聪明智巧、抛弃仁义、抛弃机巧和功利这三种否定相对价值的方法是不够的，还要使用肯定正面的方法，即引导人们见素抱朴、少私寡欲，绝学无忧。

简单而言，老子认为，统治者应当遵循“道”的思想来统治人民，这样才能给人民带来更好的生活，而人民也应该遵循“道”的思想，这样才能使自己远离不必要的忧患。

【名家注解】

河上公：

绝圣制作，反初守元。五帝画象，仓颉作书，不如三皇结绳无文。弃智慧，反无为。农事修，公无私。绝仁之见恩惠，弃义之尚华言。德化淳也。绝巧者，诈伪乱真也。弃利者，塞贪路闭权门也。上化公正，下无邪私。谓上三事所弃绝也。以为文不足者，文不足以教民。当如下句。见素者，当抱素守真，不尚文饰也。抱朴者，当抱其质朴，以示下，故可法则。少私者，正无私也。寡欲者，当知足也。

二十章

【原文】

绝学无忧。唯[①]之与阿[②]，相去几何？美之与恶，相去何若？人之所畏，不可不畏。荒兮，其未央[③]哉！

众人熙熙，如享太牢[④]，如春登台，我独泊兮其未兆[⑤]，如婴儿之未孩[⑥]，儽儽兮[⑦]若无所归。

众人皆有余，而我独若遗[8]。我愚人之心也哉，沌沌兮！

俗人昭昭[9]，我独昏昏[10]；俗人察察[11]，我独闷闷[12]。

（澹兮其若海；飂兮若无所止。[13]）

众人皆有以[14]，而我独顽似鄙。

我独异于人，而贵食母[15]。

【注释】

①唯：恭敬地答应。

②阿：怠慢地答应。

③未央：未尽，没有结束。

④太牢：古代祭祖时，牛、羊、猪三种牲口全部奉出称为太牢。这里意为丰盛的宴席。

⑤兆：征兆，迹象。

⑥孩：通“咳”，形容婴儿的笑声。

⑦儽（lěi）儽兮：疲惫的样子。

⑧遗：匮乏，不足。

⑨昭昭：明白事理的样子。

⑩昏昏：愚钝、木讷的样子。

⑪察察：严厉、苛刻的样子。

⑫闷闷：淳朴、诚实的样子。

⑬“澹兮”句：这两句与前后文不合，应移至十五章。

⑭有以：有用，有作为。

⑮贵食母：母，指“道”。这里意为以遵守天地大道为贵。

【译文】

摒弃看似聪明的智慧、大度的仁义和浮于表面的文化，这样才能避免心生忧患。对发生在自己身上的事情采取顺从的心态和违拗的心态，最终的结果会相差多少？对自己身边的人怀着一颗善良的心或者一颗丑恶的心，其中的差别又有多少？众人往往都畏惧的事物，我的内心也会感到畏惧，因为我与众人有着一样的身体和感知。这种互相对比的风气从远古时期开始就是如此，似乎在后世也会没有尽头地延续下去。

众人熙熙攘攘，兴高采烈，像是去参加丰盛的宴席，又如同春天里登台眺望美景，只有我淡泊明志，没有萌生欲望，反而像婴儿一样不会发出笑声，显得无知、疲惫、慵懒，就像流浪汉一样没有归宿。众人都为自己谋划，打算留下余财，只有我看似毫无智慧，经常穷苦潦倒。我有一颗愚笨之人才有的心啊！

众人都聪明有光彩，唯独我好像迷迷糊糊；众人都活得明明白白，唯独我好像浑浑噩噩。

（我就像在无边的海洋上漂泊，没有找到可以安歇的地方。）

世人仿佛都很灵巧，有自己的本领，同时又在发挥自己的作用，只有我愚昧、笨拙，简直一无是处。

但是，我唯一与众人不同的一点，就是我能够领略并回到万物之母的怀抱，真正拥有了“道”。

【解析】

这一章，老子是在表达精神与道体相契而得道之浑朴天真者的心灵孤独，也可以看作老子的内心独白。

老子认为，穿越一切现象的“现在”而领悟到无限者自身的本在状态并与无限者融为一体的人，就是实现了与“道”同一而得其“自在”的人，这样的人因为与物无对，是超越了一切相对价值之相而并不随波逐流的，是迥然殊异于俗流的，自然也就不能为普通民众所理解，自然就是“孤独”的。这也是老子这个得“道”者最为真实的内心独白。

身为得“道”者，老子将自己的心态和世俗之人的心态做了众多对比，他揭露了世俗之人追求物质欲望的贪婪心态，并故意以相反而且夸张的比喻描述自己的心态。文中所说的“我”，指老子本人，但又不单单指老子一个人，而是所有拥有“道”的理念和思想的人。文中“愚人之心”其实不是指老子本人，恰恰是指那些混淆了是非、善恶、美丑等概念，被欲望蒙蔽了心志的人。“众人”“俗人”其实就是上层社会追逐物欲享受的人。老子在对社会上层追逐物欲享受的贪婪之态进行讥讽抨击的同时，也期望有更多人在世俗之人追求名利的同时，能够跳出世俗，淡泊明志，追求精神的升华，回归生命的本源，即“道”，而不是随波逐流。

【名家注解】

河上公：

绝学不真，不合道文。除浮华则无忧患也。同为应对而相去几何？疾时贱质而贵文。善者称誉，恶者谏诤，能相去何如？

疾时恶忠直，用邪佞也。人谓道人也。人所畏者，畏不绝学之君也。不可不畏，近令色，杀仁贤。言世俗之人荒乱，欲进学为文，未有央止也。熙熙，淫放多情欲也。如饥思太牢之具，意无足时也。春，阴阳交通，万物感动，登台观之，意志淫淫然。我独怕然安静，未有情欲之形兆也。如小儿未能答偶人时也。我乘乘如穷鄙，无所归就。

众人余财以为奢，余智以为诈。我独如遗弃，似于不足也。不与俗人相随，守一不移，如愚人之心也。无所分别。

明且达也。如暗昧也。察察，急且疾也。闷闷，无所割截。我独忽忽，如江海之流，莫知其所穷极也。我独漂漂，若飞若扬，无所止也，志意在神域也。

以，有为也。我独无为。似鄙，若不逮也。

我独与人异也。食，用也。母，道也。我独贵用道也。

二十一章

【原文】

孔①德之容②，惟道是从。

道之为物，惟恍惟惚。惚兮恍兮，其中有象③；恍兮惚兮，其中有物。窈④兮冥⑤兮，其中有精⑥；其精甚真，其中有信⑦。

自古及今，其名不去，以阅众甫⑧。吾何以知众甫之状哉？以此⑨。

【注释】

①孔：大。

②容：样子，形状，形态。

③象：形象，具象。

④窈：深远，微不可见。

⑤冥：幽暗，深不可测。

⑥精：精气，最微小的物质实体。

⑦信：可信，相信，真实。

⑧甫：开始，引申为事物的开端。

⑨此：代指“道”。

【译文】

至高至大的德行的形态，应该遵从“道”的意义。

“道”这个物质很难讲得清楚，它是恍恍惚惚、若有若无的。虽然恍恍惚惚，但是其中有某些能够看到的形象；虽然恍恍惚惚，但其中的确存在某些物质。它看似迷离且深不可测，但其中有一些极其微小的气的存在。这些精微的气非常纯真，这些纯真之气是可以相信并验证的。

从当今上溯到远古，它的名字从未泯灭，依据它，才可以更好地审视万物的初始。我是如何了解世间万物最开始的状态的呢？靠的就是这些，也就是一直所讲述的“道”。

【解析】

这一章，老子是讲道体的自在状态，着重于“有”和“无”的统一。

老子认为，要讲清楚“道”的“有”“无”，需要讲清楚三个问题：

第一个问题：“道”和“德”的关系是什么？

本章一开篇，老子就讲了“孔德之容，惟道是从”，是说高尚的德行，从来只遵从“道”的规律，可见“德”是依存于“道”的。其实从第一章开始，老子就提出“道”是宇宙的本源，但究竟“道”是精神还是物质，这样子？总之，一定不会是表面的样子，因为它玄妙异常。只有资质较差的人才只看表面，而虚假的表面往往与真实的内在大相径庭，所以那些看不清“道”的人才会认为“道”也就是那么回事，甚至非常可笑。

【解析】

这一章，前半部分讲的是不同体“道”之士“闻道”之后的反应，后半部分讲的是一连串的辩证观点：越是高级，就越会走向自己的反面。

老子根据体“道”之士“闻道”之后的反应，将人分为三等：上士、中士和下士。

“士”最初是上古时期掌管刑狱的官员，到了商朝、西周、春秋时期，“士”演变为贵族阶层，多为卿大夫的家臣。到了春秋末年以后，“士”逐渐成为统治阶级中知识分子的统称：有著书立说的学“士”，有为知己者死的勇“士”，有懂阴阳历算的方“士”，有为人出谋划策的谋“士”，有扶弱济贫的侠“士”……这时的“士”把他们的专业知识做了可以普遍理解的扩充，就形成了诸子百家的指导思想。老子这里所说的“士”，就是泛指天下所有的知识分子。

“道”是自然，老子所说的“道”，是代自然发言，而“士”是聆听者。”因为智慧等级的不同，“士”对道的体悟层级有所不同，“问道”之后的反应自然也不同：上等智慧的“士”闻听大道后，会勤勉地遵循“道”的规律而行；中等智慧的“士”闻听大道后，会觉得“道”可有可有；下等智慧的“士”闻听大道后，只会大声嘲笑“道”是虚无无用之物。

借助于“士”阶层对“道”的理解和反应，老子进一步阐述“道”的原则和特征：首先，“道”是不会以人的意志而改变其特殊而完美的存在形式的；其次，“道”主张柔弱、不争、宽容、依据自身规律存在和运行，不应有任何外在力量和意志的介入和破坏。

“道”深藏幽隐而不外露，不欲表现一切，却能成就一切，这就是老子“无为”的主张。同时，老子在论述“道”时，还注意到了矛盾辩证的观点，采用了比喻的手段，使说理显得生动，深奥趋于素朴，而这一切又都符合和体现着“道”的神秘和无所不在。

【名家注解】

河上公：

上士闻道，自勤苦竭力而行之。中士闻道，治身以长存，治国以太平，欣然而存之，退见财色荣誉，惑于情欲，而复亡之也。下士贪狠多欲，见道柔弱，谓之恐惧，见道质朴，谓之鄙陋，故大笑之。不为下士所笑，不足以名为道。

建，设也。设言以有道，当如下句：

明道之人，若暗昧无所见。进取道者，若退不及。夷，平也。大道之人不自别殊，若多比类也。

上德之人若深谷，不耻垢浊也。大洁白之人若污秽，不自彰显。德行广大之人，若愚顽不足也。建设道德之人，若可揄引使空虚也。质朴之人若五色，有渝浅不明也。

大方正之人，无委曲廉隅。大器之人若九鼎瑚琏，不可卒成也。

大音犹雷霆，待时而动，喻当爱气希言也。大法象之人，质朴无形容。道潜隐，使人无能指名也。

成，就也。言道善禀贷人精气，且成就之也。

四十二章

【原文】

道生一[①]，一生二[②]，二生三[③]，三生万物。

万物负阴而抱阳，冲气以为和。

（人之所恶，唯孤、寡、不穀，而王公以为称。故物或损之而益，或益之而损。人之所教，我亦教之。强梁者不得其死，吾将以为教父。[④]）

【注释】

①一：即“道”。

②二：天、地，天为阳，地为阴。

③三：阳气与阴气交融之后产生的第三种气——和气。

④“人之所恶”句：括号中的这些句子与上文不合，疑其位置有误，应置于三十九章末尾。

【译文】

整个“道”可以姑且看作“一”，“道”产生阴阳，阴阳互相交融又产生和谐之气，最后阳气、阴气、和气三者互相作用，产生了万物。

万物背阴而向阳，阴阳二气互相冲融产生和气。

（人们最厌恶的，就是沦为“孤、寡、不穀”，但是侯王们又经常以此自称。所以，很多时候世间万物是看似受损其实受益，或者看似受益其实是受损。别人教我的道

理，我也用来教导他人。蛮横霸道的人难以得到善终，我将这句话当作施教的主导思想。）

【解析】

这一章，老子从“道本”和“道用”两个方面揭示了“道”的特性，解释了宇宙的生成过程，并继续阐述他的辩证思想。这是《道德经》中最为重要的一个章节，老子思想也在这里得到了最集中的体现。

很明显，老子是个无神论者，这点从本章开篇的两句就能看出来。“道生一，一生二，二生三，三生万物。万物负阴而抱阳，冲气以为和。”这两句表明老子创造性地把多元论的宇宙观发展成为一元论的宇宙观，并阐明了宇宙的演变规律。一、二、三这三个数字，并不表示具体的数目，而只是表示“道”生发万物的一个从少到多、从简单到复杂的过程。

老子认为，“道”先于天地而生，是创生万物和世界的本体，是世界所有一切的唯一本原。老子在这里阐述“道”创造宇宙万物的过程，就是为了说明“道”的至尊和唯一，因此，世人所需要的就应是一个体道、悟道的过程。

同时，老子又形象地论述了万事万物都是像初生时期的阴、阳一样，好坏、损益相对存在，互相转化。而作为修道之人应自觉遵循这一规律，调和自身的阴阳之气，而不要人为地去改变它。

本章的最后，老子再次强调了虚气守柔的重要性，认为事物减损就是增强，事物增强就是减损。侯王要想长盛不衰，就要懂得虚气守柔的道理，守住自己阴的一面，不要自恃逞强地过分展现自己阳的一面，因为过分而为的人是不会有善终的。

【名家注解】

河上公：

道始所生者一也。一生阴与阳也。阴阳生和、清、浊三气，分为天地人也。天地人共生万物也，天施地化，人长养之也。

万物无不负阴而向阳，回心而就日。万物中皆有元气，得以和柔，若胸中有藏，骨中有髓，草木中有空虚与气通，故得久生也。

（孤寡不毂者，不祥之名，而王公以为称者，处谦卑，法空虚和柔。引之不得，推之必还。夫增高者致崩，贪富者致患。谓众人所教，去弱为强，去柔为刚。言我教众人，使去强为弱，去刚为柔。强梁者，谓不信玄妙，背叛道德，不从经教，尚势任力也。不得其死者，为天命所绝，兵刃所伐，王法所杀，不得以寿命死也。父，始也。老子以强梁之人为教诫之始也。）

四十三章

【原文】

天下之至柔，驰骋[①]天下之至坚。无有入于无间。吾是以知无为之有益。

不言之教，无为之益，天下希[②]及之。

【注释】

①驰骋：奔驰，纵横自如，这里是使动用法，指驱使。

②希：稀少。

【译文】

天下间最为柔弱的东西，可以在天下间最为坚硬的事物上自由驰骋。无形的事物可以穿透毫无缝隙的东西。我从其中领略到，无所作为必然是有益的。

不用言语的教化，以及无所作为的好处，天下间很少有人能够真正认识到。

【解析】

这一章，老子从“道”与“物”的关系上来凸显了“道”的特性和功能，着重表达了他“贵柔”的思想，并阐述了“无为”的好处。

“至柔”是“道”的一大特性。“道”的基本表现形态即柔弱，持柔即是体道、悟道的过程，也是“无为”的表现特征之一。老子认为，至柔能够战胜至坚，所谓以柔克刚，并在此基础上引出“无为”的益处的论述，认为这是人们保命、全身、守性的唯一方式。

在老子看来，柔弱者终将取得胜利，柔弱者终将不会受到伤害，柔弱者终将改变坚硬者。而老子认为天下最柔弱的莫过于水，水是柔弱者力量的象征：水轻轻地滴下来，量小而微，却坚持不懈，持之以恒，天长日久，能在至硬的石头上滴出一个洞来。水也是老子哲学伟大智慧的体现：水朝着低的地方流过去，包容着一切，滋养着一切，改变着一切。所以，老子认为水是一切万物中最接近于“道”的一个存在。老子主张守柔不争，主张以虚无之心容纳一切外在因素，水的包容性和通透性也十分形象地印证了这一点。

水体现着“道”性：无为而无所不为，以一种自然无为的状态静静地流淌，却成就了丰美的土地、繁荣的城镇、稠密的人群，人人都在享受着水带来的好处，却无人去理会它，更无人去赞美它。水的所作所为，就和“道”创造了一切万物却不将一切功劳占为己有一样伟大，因此老子赞美水、肯定水，其实就是在赞美“道”，肯定“道”。

无形的“道”能穿透有形的“物”，至柔的“道”能驾驭至坚的“物”，这都是因为“无为”所以无所不为，“道”不言而使万物作，这是老子希望每个人都能懂得的道理。

【名家注解】

河上公：

至柔者，水也。至坚者，金石也。水能贯坚入刚，无所不通。无有，谓道也。道无形质，故能出入无间，通神明济群生也。吾见道无为而万物自化成，是以知无为之有益于人也。

法道不言，帅之以身。法道无为，治身则有益于精神，治国则有益于万民，不劳烦也。天下，人主也。希能有及道无为之治身治国也。

四十四章

【原文】

名与身孰亲？身与货[①]孰多[②]？得与亡[③]孰病[④]？

是故甚爱必大费，多藏必厚[⑤]亡。

知足不辱，知止不殆，可以长久。

【注释】

①货：财物。

②多：贵重。

③亡：失去。

④病：有害。

⑤厚：重大。

【译文】

名声和身体哪一个更亲近一些？生命与财富哪一个更应该看重？得到与失去哪一个对自己更有害处？

所以过分地追求自己喜欢的东西必然会有过量的消耗，过多地收藏财物也必定会带来重大的损失。

懂得满足则不会受到屈辱，懂得适可而止就不会遭遇危险，这才是长久生存的道理所在。

【解析】

这一章，老子是讲他的人生观：“知足”和“知止”。简单而言，就是一个人要懂得对自己来说什么东西才是重要的，不要去追求浮华的事物，更不要做一些过分的事情，要懂得止步，才会走得更远。

对社会发展所带来的一切文明，老子都持坚定批判的态度。在老子看来，社会的发展过程就是剥夺人的“道”性、人的自然本性、人的天性的一个过程，社会对于人的一切有形或无形的诱惑都是使人丧失自我本性的枷锁，因此人要有意识地抛弃它，不为它所用。

功名财利是使人丧失自我本性的一个最大的枷锁，因此老子在本章一开篇就用了三个连续的问句，来警示世人注意功名财利对人的损害性。人对名利的欲求是一种有意识的功利行为，人要得到它，就要劳神伤气，殚精竭虑，蝇营狗苟，为人所不齿，因此会对人产生巨大的伤害。

就人生发展而言，老子认为最重要的是体“道”，到达“道”的境界。但如何做到这一点呢？老子的建议是贵身自养，珍爱自我、保全自我，这就要求人们摒弃物欲对人的诱惑，解除名利对人的束缚，要让人成为物的主宰，而非物的奴隶，因为过分地贪求名利、物欲方面的满足，是不合乎“道”的。体“道”的人只需要满足基本的生命需求即可，少私寡欲，而不要追求过多。只要人们努力克服世俗享乐对自身的危害，知足知止，就不会受辱，就不会有危险，就能长久。

【名家注解】

河上公：

名遂则身退也。财多则害身也。好得利则病于行也。

甚爱色，费精神。甚爱财，遇祸患。所爱者少，所费者多，故言大费。生多藏于府库，死多藏于丘墓。生有攻劫之忧，死有掘冢探柩之患。

知足之人绝利去欲，不辱于身。知可止则止，财利不累于身心，声色不乱于耳目，终身不危殆也。人能知止知足则福禄在己，治身者，神不劳；治国者，民不扰，故可长久。

四十五章

【原文】

大成[①]若缺，其用不弊[②]。

大盈若冲[3]，其用不穷。

大直若屈[4]，大巧若拙，大辩若讷[5]。

静胜躁，寒胜热。清静，为天下正。

【注释】

①成：完美。

②弊：衰竭。

③冲：通“盅”，空虚。

④屈：通“曲”，弯曲。

⑤讷：口吃，不善言辞。

【译文】

最美好的东西往往会有残缺，但它的作用不会因为这点残缺而衰竭。

最充盈的事物好像很空虚，但它的作用反而是无穷无尽的。

最直的事物貌似弯曲，最精巧的东西反而显得有点拙劣，最善于辩论的人似乎有些不善言辞。

心底的躁动能克制寒冷，而安静能克制寒冷。清静无为的统治思维和做法往往可以成为天下的领导者。

【解析】

这一章，老子讲了三层意思：“道”的特征、“体道之士”的特征和“道”的规律。

“大成若缺，其用不弊。大盈若冲，其用不穷。”讲的是“道”的特征：最完整的“道”好像是残缺的，最充实的“道”好像是空虚的，但“道”的功用永不衰绝，永不穷尽。

“大直若屈，大巧若拙，大辩若讷，大赢若绌。”讲的是“体道之士”的特征：他们坚持原则却又懂得变通，他们智慧灵巧却又显得笨拙，他们能言善辩却又口舌木讷，他们获得了最大的利益却又有所缺失。

“躁胜寒，静则热。清静，为天下正。”讲的是“道”的规律：宇宙万物的运行变化，都是一直处于相生相克之中，总是相互对立但又相互转化，而清净柔弱的一方是最有生命力的，所以老子才一再建议人们贵柔、守弱、居下、无为、不争……

从本章的内容可以看出，这是老子辩证思想的又一次体现，目的是说明老子清静无为的政治主张。

辩证法是老子运用得最为纯熟的论证方法。老子从道的有无相生的原理出发，探讨事物的二元原理。在老子看来，任何事物都是由两极或两元相辅而成的，这是事物的根本属性，因此倘若只抓住其中一点，忽视了另一点，就不会得出正确的结论，就无法体“道”。而一旦体悟了“道”，顺应“道”的规律，什么也不要去争、去改变，一切顺乎自然，不要强求，清静无为，那么天下自然就会得到治理。

【名家注解】

河上公：

大成者，谓道德大成之君也。若缺者，灭名藏誉，如毁缺不备也。其用心如是，则无弊尽时也。

大盈者，谓道德大盈满之君也。若冲者，贵不敢骄，富不敢奢也。其用心如是，则无穷尽时也。

大直，谓修道法度正直如一也。若屈者，不与俗人争，如可屈折。大巧，谓多才术也。若拙者，示不敢见其能。大辩者，智无疑。若讷者，口无辞。

胜，极也。春夏阳气躁疾于上，万物盛大，极则寒，寒则零落死亡也，言人不当刚躁也。秋冬万物静于黄泉之下，极则热，热者生之源。能清能静则为天下之长，持身正则无终已时也。

四十六章

【原文】

天下有道，却[①]走马以粪[②]；天下无道，戎马[③]生于郊[④]。

祸莫大于不知足，咎莫大于欲得。故知足之足，常足矣。

【注释】

①却：退却，退回，放回。

②粪：耕种。

③戎马：战马。

【译文】

天下如果有“道”，国家可以把战马送回农田里，为农田施肥；天下如果没有“道”，那么那些刚在郊野上出生的小马可能都要用来充当战马。

最大的祸患就是不懂得满足，最大的罪过往往就是什么都想要。所以，懂得满足才会永远满足啊。

【解析】

这一章，表面看是在讲知足常乐，其实还是在论述老

子对战争的态度：反对战争。

前文已经提到过，老子是反对战争的，他认为战争是由人的贪欲引起的，会带来严重的后果："大军之后，必有凶年""兵者不祥之器，非君子之器"。在这一章，老子一开篇就描述了和平年代和战乱年代的对比："天下有道，却走马以粪；天下无道，戎马生于郊"，并指出了造成这种区别的原因：不知足。

老子认为，有道者是知足的，无道者则是不知足的，知足就能常乐，不知足就是贪心，贪心就会过分索取，越贪心就越会不计方式地过分索取，就会导致纷争。国家与国家之间的纷争，就是战争。

战争是残酷的，有人曾说人类社会发展的历史就是战争的历史，在人本身所构成的灾难中，战争是最残酷的一类，它比毁田开荒、洪水泛滥、污染肆虐的危害都要严重得多。

战争的起因，老子认为完全是由于统治者的贪得无厌：他们为了开拓疆土，掠夺财富，而不断地发起进攻性、掠夺性的战争。统治者的"不知足"，终将带来最大的祸患，这种祸患不仅会摧毁百姓，也会摧毁统治者。历史上的许多统治者就因为挑起战争后玩火自焚，最终让自己陷入灭顶之灾。

【名家注解】

河上公：

谓人主有道也。粪者，粪田也。治国者兵甲不用，却走马以治农田，治身者却阳精以粪其身。谓人主无道也。战伐不止，戎马生于郊境之上，久不还也。

好淫色也。富贵不能自禁止也。欲得人物，利且贪也。守真根也。无欲心也。

四十七章

【原文】

不出户①，知天下；不窥②牖③，见天道。其出弥④远，其知弥少。

是以圣人不行而知，不见而明，不为而成。

【注释】

①户：门户，这里指大门。

②窥（kuī）：偷看。

③牖（yǒu）：窗户。

④弥：愈加、更加。

【译文】

不出门户，能够知道天下的事情；不用偷偷地看着窗外，就能知道自然的规律。其实有时候走得越远，反而知道的越少。

因此，圣人不出行却知道很多事情，不用见到就可以明白真相，不用作为就可以有所成就。

【解析】

这一章，老子论述了他对“道”的认识。

有些人仅凭“不出户，知天下”这一句的字面意思，就认为老子是绝对的唯心主义者，认为老子过分强调了人主观思考的万能性，轻视了实践的重要性。这种说法是对老子思想的误读。

在为老子思想辩驳的学者中，陈鼓应先生的辩驳最为精辟："老子认为世界上一切事物都依循着某种规律运行着，掌握着这种规律（或原则），当可洞察事物的真情实况。他认为心灵的深处是透明的，好像一面镜子，这种本明的智慧，上面蒙着一层如灰尘般的情欲（情欲活动受到外界的诱发就会趋于频繁）。老子认为我们应透过自我修养的功夫，作内观返照，净化欲念，清除心灵的蔽障，以本明的智慧、虚静的心境，去览照外物，去了解外物和外物运行的规律。"

陈鼓应先生之所以提出这一辩驳，自然不是无理可据的。在前文提到过，因为"道"是"视之不见""听之不闻""搏之不得"的，所以不能用感官去感知它，而要用心这个虚无之物去体悟它。本章开篇的"不出户，知天下；不闚牖，见天道。其出弥远，其知弥少"，其实讲的就是这个意思。

也就是说，我们要认识一件事物，仅仅靠自己的眼睛、耳朵、手等感官是不够的，因为这样只是了解了事物的表象而无法深入事物的内部去了解它的"灵魂"。了解事物应该靠"自省"，去领悟"道"，只有知道了天下万物的运动和变化规律，才能真切地深入事物的灵魂中。

【名家注解】

河上公：

圣人不出户以知天下者，以己身知人身，以己家知人家，所以见天下也。天道与人道同，天人相通，精气相贯。人君清净，天气自正；人君多欲，天气烦浊。吉凶利害，皆由于己。谓去其家观人家，去其身观人身，所观益远，所见益少也。

圣人不上天，不入渊，能知天下者，以心知之也。上好道，下好德；上好武，下好力。圣人原小知大，察内知外。上无所为，则下无事，家给人足，万物自化就也。

四十八章

【原文】

为学[1]日益，为道日损。损之又损，以至于无为，无为而无不为。

取天下常以无事[2]，及其有事[3]，不足以取天下。

【注释】

①学：世俗的学问，这里指与“道”相反的思想。

②无事：不作为。

③有事：作为，这里指对民众施以严酷法令和苛政。

【译文】

研究世俗的学问，伪善奸邪的思想就会一天天增多；修行自然的大道，自私的欲望就会一天天减少。减少之后继续减少，一直可以到无为的状态。

领悟了“道”的原理而且不妄为，就能做到无所不为。赢得天下的方式往往在于不妄为，如果有所作为，对民众实行严酷的刑罚和苛政，就很难赢得天下了。

【解析】

这一章，老子讲的是“为学”和“为道”的问题。

现代的所谓“为学”，是指对知识的掌握。但古代的“为学”，主要指政教礼乐。在老子看来，“为学”就是

学习实际的知识，这需要稳扎稳打、重复性地记忆，才能形成某一思想，养成某一习惯，为学的目的就是学会了拿来求职，维持自己在社会上的基本生存需求，因此老子认为“为学”是低级的、无用的，甚至是有害的，因为掌握这种实际的知识越多，私欲妄见也就越会层出不穷。

由此可见，老子认为人类创造的一切文明，包括知识、文化都是束缚人的内在自由、阻碍人向“道”归依的巨大障碍，这种现点在几千年后的德国哲学家、文化哲学创始人卡西尔的论述里也得到了强有力的印证。卡西尔认为，人类创造了文化，但自身都在文化的束缚下艰难生存，人受制于人本身。

既然“为学”是老子所厌弃的，那为什么老子还要讲“为学”呢？其实老子讲“为学”的目的，是贬低当时的政教礼乐，从而使人选择有用的、高级的“为道”。“为道”的结果就是“无为”，是个人修养的最高境界。通过“为道”，人们得以一点点消除内心的私欲妄见、宠辱计较，逐渐返璞归真，回归“无为而无所不为”的大道。

人是渴望自由的。而在道家看来，自由是无限的自由，是抛弃社会和自身属性束缚之后的绝对自由，是逍遥游，而获得这种自由的先决条件，就是弃智弃知，做到无知无欲无妄，浑朴古拙，不存任何的欲念之思，充分调动和发挥人的主观能动创造作用，发现人的潜能，显扬人的潜能，才能实现自由，而自由恰恰就是“道”的本意。

【名家注解】

河上公：

学谓政教礼乐之学也。日益者，情欲文饰日以益多。

道谓之自然之道也。日损者，情欲文饰日以消损。损之者，损情欲也。又损之者，所以渐去之也。当恬淡如婴儿，无所造为也。情欲断绝，德于道合，则无所不施，无所不为也。

取，治也。治天下常当以无事，不当烦劳也。及其好有事，则政教烦，民不安，故不足以治天下也。

四十九章

【原文】

圣人常无心[1]，以百姓心为心。

善者，吾善之；不善者，吾亦善之，德[2]善。

信者，吾信之；不信者，吾亦信之，德信。

圣人在天下，歙歙[3]为天下浑[4]其心。百姓皆注[5]其耳目，圣人皆孩[6]之。

【注释】

①心：私心。

②德：通“得”，得到。引申为懂得。

③歙（xī）歙：吸气，这里指收敛，谨慎。

④浑：浑沌，浑朴。

⑤注：专注。

⑥孩：孩童，婴孩，这里指“道”拥有婴孩的纯真和质朴。

【译文】

领悟“道”的人通常是没有私心的，他们会把百姓的心作为自己的心。

对于善良的人，我会善待他；对于不善良的人，我同样会善待他，如此一来彼此也就都得到了真正的善良之心。

对于守信的人，我会对他守信；对于不守信的人，我也会对他守信，如此一来彼此也就都懂得了真正的信用之意。

世间那些懂得“道”的人，总是谨小慎微的样子，为了天下百姓连自己的内心都归于淳朴。百姓都专注于让自己耳聪目明、心思智巧，而“得道”的人则希望百姓回归到刚出生时的淳厚质朴。

【解析】

这一章，讲的是老子的政治观、社会观。老子认为理想的政治是由圣人治理天下，理想的社会是建造一个浑朴的社会。

老子所说的“圣人”，指的是领略“道”或者已经体悟“道”的人，也暗指最理想的统治者。这样的统治者，他没有私心，尊重和重视百姓的意愿，以百姓的心志为自己的心志，以百姓的苦难为自己的苦难，以百姓的快乐为自己的快乐。他从不将自己的意愿强加于人，从不以自己的意志去役使百姓，努力营造一个和谐自由的环境，使人们精神愉悦、无过多的私欲，品性淳朴纯洁，没有战争和敌对的情绪；同时，他要以自己的一言一行去教导百姓的行为，去感化百姓，而不是强硬地统治百姓。无论百姓的本心是什么样的，无论百姓是善良还是不善良，他都会善待百姓；无论百姓是诚信还是不诚信，他都会信任百姓。总之，无论百姓如何对待他，他都会拿出善良和信任去教化百姓，力求百姓都遵循“道”的规律。

一些人读了本章的内容，认为老子的思想是悲现厌世的哲学，老子的学说是消极避世的学说，这虽然有一定的合理之处，但却是对老子思想的片面理解。老子之所以会有厌弃社会、否定文明的观点，是因为他认为社会和文明远离了“道”的规律，束缚了人的自然天性，是不合乎于“道”的。

老子推崇“无为”的治国之道，也是因为“无为”是合乎于“道”的。体悟了“道”的圣人治国的原则就是无为而治，从不刻意地欲求什么，只借助于细致入微的观察，切实了解百姓的心理，明晓他们的所知所感，这样就可以不用统治工具去统治百姓、制约百姓，而是因势利导，犹如水到渠成般的自然而然，这样百姓也就心安理得地服从他的领导。当然，要真正实现老子的理想政治，不仅需要体“道”的圣人“无为而治”，也需要百姓保持婴孩般的纯朴。

【名家注解】

河上公：

圣人重改更，贵因循，若自无心。百姓心之所便，圣人因而从之。

百姓为善，圣人因而善之。百姓为不善，圣人化之使善也。百姓德化，圣人为善。

百姓为信，圣人因而信之。百姓为不信，圣人化之使信也。百姓德化，圣人为信。

圣人在天下怵怵常恐怖，富贵不敢骄奢。言圣人为天下百姓浑浊其心，若愚暗不通也。注，用也。百姓皆用其耳目为圣人视听也。圣人爱念百姓如孩婴赤子，长养之而不责望其报。

五十章

【原文】

出生入死[①]。生之徒[②]，十有三[③]；死之徒，十有三；人之生，动之于死地，亦十有三。夫何故？以其求生之厚[④]。

盖闻善摄生[⑤]者，陆行不遇兕[⑥]虎，入军不被[⑦]甲兵；兕无所投其角，虎无所措其爪，兵无所容其刃。夫何故？以其无死地。

【注释】

①出生入死：出生和死亡，引申为离开了生存之后必然走向死亡。

②徒：之类的人。

③十有三：十分之三。

④生生之厚：奉养过厚、营养过剩。这里指生存的欲望过于强烈从而导致了弊病。

⑤摄生：养生，这里指养护生命。

⑥兕（sì）：犀牛一类的独角野兽，这里泛指野兽。

⑦被：接触，遭受。

【译文】

一个人由出世而生，最后入土而死。世间长寿的人，大约占十分之三；短命的人，大约占十分之三；人活着，却在死亡之地行动的人，也占十分之三。这是为什么呢？

就是因为这些人为了追求长生而养护自己的生命，以至于过分追求奢侈的物质享受，从而糟践并缩短了自己本该长久的生命。

听说那些真正善于养护生命的人，在陆地上任意行走也不会遇到猛虎、犀牛等野兽，在进入打仗的队伍中也不会被武器伤到；犀牛这样的野兽在他身上无处用角，老虎这样的野兽在他身上无处使用利爪，兵器在他身上无处使用利刃。这是为什么呢？因为他根本没有进入死亡的区域，他本身也没有任何致命的弱点。

【解析】

这一章，是老子“贵生”思想的延续，而且明显有了养生的倾向，提出了反对“生生之厚”的摄生主张，呼吁人们关注人的生命，重视生命的价值。

“出生入死”这个词是老子第一个提出来的，是对人的生命最精妙的总结。人的一生，始于出生，灭于死亡，这是每个人都无法逃避的事。人类最大的困扰就是生命的短促和渺小，因此对于生命的忧患和超越生命的渴望是人类最大的需要和满足，也是摆在所有关注人类生存命运的哲学家面前的最为严峻的一个课题。

如果一个从自然地出生再到自然地死亡，实在是一件了不起的事情，因为人生的过程中实在有着太多的危险，一步踏错就可能提早走向死亡。历史上有很多人就是因为有太多虚妄的欲望和过分的行为而不得善终。

老子将死亡分为了两种，一种是因为想要养护生命而营养过剩，导致生命缩短；另一种则是进入凶险的死地而导致伤亡。老子已经深刻地意识到人类生存的巨大困境，他认为超越生命局限，克服外在生命阻碍的最有力的手段，就是摄生。

老子所说的摄生，其实就是求“道”，把握“道”的过程和巧式，即要求人放弃对外在各种欲望的满足，专注于内心精神世界的营造，自已不对外在状态形成冲击和威胁，外在力量也就自然不会对自已构成伤害。

这其实也是老子的“不争”和“无为”思想的再次体现。世人为了养护生命而去争夺利益，而“道”的思想是不争和清静无为，不争则不会过盛，无为则远离死地，以此养护生命，才是顺应自然的正确方法。

【名家注解】

河上公：

出生，谓情欲出于五内，魂定魄静，故生。入死，谓情欲入于胸臆，精劳神惑，故死。言生死之类各有十三，谓九窍四关也。其生也，目不妄视，耳不妄听，鼻不妄嗅，口不妄言，舌不妄味，手不妄持，足不妄行，精不妄施。其死也反是。人之求生，动作反之十三死地也。问何故动之死地也？言人所以动之死地者，以其求生活之事太厚，违道忤天，妄行失纪。

摄，养也。自然远避，害不干也。不好战以杀人。养生之人，兕虎无由伤，兵刃无从加也。问兕虎兵甲何故不加害之？以其不犯上十三之死地也。言神明营护之，此物不敢害。

五十一章

【原文】

道生之，德畜之，物形之，势[①]成之。是以万物莫不尊道而贵德。道之尊，德之贵，夫莫之命[②]而常自然。

故道生之，德畜之，长之育之，成[③]之孰[④]之，养之覆[⑤]之。生而不有，为而不恃，长而不宰，是谓“玄德”。

【注释】

①势：自然界的各种力量。

②命：命令，引申为干涉。

③成：结果。

④孰：通“熟”，成熟。

⑤覆：保护，维护。

【译文】

道孕育了世间万物，德养育了世间万物，天地环境给予了万物不同的形态特征，而世间的各种力量互相作用之下，万物又得到了各自的成长和成就。所以，世间万物没有不尊崇大道而重视德性的。道受到万物的尊崇，德被万物看重，这正是因为二者没有命令和约束万物，万物自然会对两者产生情愫了。

所以，大道孕育万物，德性养育万物，进而帮助万物成长，培育万物，使万物生长、结果、成熟，给予万物滋养、庇护。给予万物生命而不将其据为己有，抚育万物而不居功自傲，滋养万物生长而不主宰他们的命运，这就是所谓的“玄德”了。

【解析】

这一章，老子讲述了“道”生发万物的过程，阐述了“道之尊，德之贵”的原因：自然无为。

前面已经说过，一切万物都是由“道”生发的，也是由“道”滋养的，而滋养万物的“道”也被视为“德”。也就是说万物的生发、具有了生机盎然的生命，到万物千姿百态的形状，以及生命的延续、发展，都是“道”“德”的神奇而伟大力量的结果。

然而，“道”“德”生养了一切，却从不占有一切；它维护了一切，却从不主宰一切。“道”“德”的这种不占有、不居功、不主宰的高贵品格被老子称之为“玄德”。前文提到过，“玄德”即“上德”，是“道”的精神体现。在与万物的关系中，玄德（道）给予万物生命，成就万物本性，帮助万物生长、成熟、结果，而没有任何的干涉、索取、主导，一切都顺其自然，按照“道”的精神理念去成就世间万物。

本章借助于对万物生长过程的分析，又一次赞美了“道”“德”，进一步明确了“道”的无所不在、“德”的无所不有：万物因“道”“德”而生机涌动，“道”“德”因万物而神奇深远；“道”“德”借万物的自由生长而显示其玄之又玄，万物因“道”“德”而鲜活百样。一切万物在“道”的作用下，都表现出自己的“德”，而人因为有思想，有欲望，所以时而有“德”，时而无“德”，但是万物皆受到“道”的约束，所以人类生存的根本意义在于追寻“道”，把握“德”，拥有“玄德”。

【名家注解】

河上公：

道生万物。德，一也。一主布气而蓄养之。一为万物设形象也。一为万物作寒暑之势以成之。道德所为，万物无不尽惊动，而尊敬之。道一不命召万物，而常自然应之如影响。

道之于万物，非但生之而已，乃复长养、成孰、覆育，全其性命。人君治国治身，亦当如是也。道生万物，不有所取以为利也。道所施为，不恃望其报也。道长养万物，不宰割以为利也。道之所行恩德，玄暗不可得见。

五十二章

【原文】

天下有始，以为天下母。既得其母，以知其子[①]；既知其子，复守其母，没身不殆。

塞其兑[②]，闭其门，终身不勤；开其兑，济其事，终身不救。

见小曰“明”，守柔曰“强”。用其光[③]，复归其明[④]。无遗身殃，是谓“习常[⑤]”。

【注释】

①子：指“道”所孕育而生的世间万物。

②兑：口，指嗜欲的感官。引申为孔穴。

③光：智慧之光，这里指“明”发出的光亮。

④明：自明，内省。

⑤习常：对于常道的接受与服从。“习”通“袭”，其

意为接受、领受。常，这里指永恒的道。

【译文】

天地间必然有一个最开始的元素，也就是“道”，它就是孕育万物的本源。既然得知了本源，就能知道它所孕育的万物；既然知道了万物，就该坚守本源。如此一来，就可以终生没有消亡的危险。

堵塞嗜欲的感官，关闭嗜欲的门径，就不会因嗜欲的驱使而辛苦一生；打开嗜欲的空穴，使嗜欲的事情达成，则终生都难以得到安宁。

能够看清细微的事物，称之为“明”，能够坚守柔弱则称之为“强”。使用内心智慧的光明，恢复自省的明智，不给自己遗留灾祸。这就是所说的“接受永恒的道”。

【解析】

这一章，老子借用“母”“子”这对概念，论述了对“道”的持守，重申了作为天下万物之母、万物之根、万物之始的“道”的重要性。

老子认为，一切万物生于“道”，人作为万物的一分子，也是“道”的产物之一。因此，人必须意识到“道”对人生的无比重要性，从而自觉地体认“道”、追求“道”。在老子看来，社会文明发展在带给人们种种便利、享受的同时，也使人处于种种危险灾难之中，而摆脱这种悲剧性命运的唯一途径，就是坚守万物的根本——“道”，即老子所说的“既知其子，复守其母，没身不殆”。

至于如何坚守“道”呢？老子认为是要“塞其兑，闭其门，终身不勤”，堵塞那激发人之欲望的器官，关闭那追求人之欲望的通道，这样人就终身不会有劳苦和忧虑。说得具体一点，就是要杜绝人与社会的往来，拒绝环境对人的种种制约，专执于内在精神与“道”的沟通契合，排斥利用知识来谋求对人的欲求的满足，守柔不争，不令天下先，以退让、谨守自身的方式保全自己。

要坚守“道”，更重要的是贵柔尚弱。老子认为“贵以贱为本，高以下为基”，“道”虽生发万物，滋养万物，却自甘居下，可见能持守柔弱才是“强”，才能长久。

【名家注解】

河上公：

始，道也。道为天下万物之母。子，一也。既知道已，当复知一也。已知一，当复守道反无为也。不危殆也。

兑，目也。使目不妄视也。门，口也。使口不妄言。人当塞目不妄视，闭口不妄言，则终生不勤苦。开目视情欲也。济，益也。益情欲之事，祸乱成也。

萌芽未动，祸乱未见为小，昭然独见为明。守柔弱，日以强大也。用其目光于外，视时世之利害。复当反其光明于内，无使精神泄也。内视存神，不为漏失。人能行此，是谓习修常道。

五十三章

【原文】

使我[①]介[②]然有知，行于大道，唯施[③]是畏。

大道甚夷[④]，而民好径[⑤]。朝甚除，田甚芜，仓甚虚；

服文彩，带利剑，厌饮食[⑥]，财货有余，是谓盗夸[⑦]。非道也哉！

【注释】

①我：指有道之士。

②介：微小，稍微。

③施：通“迤”，邪路。

④夷：平坦。

⑤径：小径，小路，与正路、大路相对，代指邪路。

⑥厌饮食：撑得不愿意再吃喝。厌，满足。

⑦盗夸：大盗，盗魁。

【译文】

假如有道之士对“道”有任何一点领悟，就会倾向于顺着大道而行，并且非常担心自己会走上邪路。

大道总是非常平坦的，那些统治者却往往喜欢走一些看似捷径的邪路。朝廷里总是装饰得非常豪奢，而农田却一片荒芜；国家和百姓的粮仓里空空如也，而朝堂之上的人却穿着锦衣华服，身佩锋利的宝剑，酒足饭饱，甚至都不愿吃下看到的食物，每个人都富贵有余，他们这些人才是强盗的首领。这样的现象才真正是无道！

【解析】

这一章，老子以一个旁观者的角度，表达了对当时统治者的严厉斥责和强烈抨击、对民生艰难的叹息、对无为而治之可贵的赞美。

老子将那些无道的统治者比喻成强盗的首领，描绘了一幅令人愤怒的画面：一群人凭借着权势和武力强行榨取百姓的劳作成果，使百姓连果腹都困难，而这群人却过着

骄奢淫逸、腐朽糜烂的生活。如此有违天道的统治，就如一座表面华丽而内部已经被蛀空的大厦，下一秒就会倾塌。

统治者之所以会成为“盗夸”，就是因为他们远离了“道”，受到欲望的驱使。也就是说，也许统治者一开始也是勤政爱民、清静无为的，是接近“道”的，但后来渐渐地偏离了“道”，受到许多物欲的诱惑，开始贪图低级享受，最终到了无法自拔的地步。当宫廷之内的一切都已经无法满足他的欲望时，他就会扩大搜刮的范围，开始为害百姓，导致百姓生活艰辛潦倒，他的政权也就会被新生的力量推翻。因此，老子劝诫人们要“唯施是畏”，指出即使一个人体悟了“道”，也有可能会随时偏离“道”，因此即使是体悟了“道”的圣人，也必须要时时警惕欲望的侵袭，坚守“道”。

在老子看来，君主合道体道，纯真自然，让百姓自由自在地生产、生治，顺应事物的运行变化规律，才是为君者的至上治国之理。

【名家注解】

河上公：

介，大也。老子疾时王不行大道，故设此言。使我介然有知于政事，我则行于大道，躬行无为之化。唯，独也。独畏有所施为，恐失道意。欲赏善，恐伪善生；欲信忠，恐诈忠起。

夷，平易也。径，邪不平正也。大道甚平易，而民好从邪径也。高台榭，宫室修。农事废，不耕治。五谷伤害，国无储也。好饰伪，贵外华。尚刚强，武且奢。多嗜欲，无足时。百姓不足而君有余者，是由劫盗以为服饰，持行夸人，不知身死家破，亲戚并随之也。人君所行如是，此非道也。复言也哉者，痛伤之辞。

五十四章

【原文】

善建者不拔①，善抱者不脱②，子孙祭祀不辍。

修之于身，其德乃真；修之于家，其德乃余；修之于乡，其德乃长；修之于邦，其德乃丰；修之于天下，其德乃普。

故以身观身，以家观家，以乡观乡，以国观国，以天下观天下。吾何以知天下之然哉？以此。

【注释】

①拔：拔除。

②脱：脱离，松手。

【译文】

善于树立信念的人不容易被撼动，善于坚守信念的人不容易放弃，只要子子孙孙都遵循大道的精神，就会得到祭祀，永远不会断绝。

用“道”的理念来修缮自身，德行就会纯真质朴；修缮整个家庭，德行就会充裕；修缮整个乡里，德行就会长远；修缮一个国邦，德行就会丰硕；修缮整个天下，德行就可以普及每一个人。

所以，以自己的修为来观察他人的修为，以自家的德行水准来观察别人的德行水准，以本乡的道德成果来观察他乡的道德成果，以本国的道德影响来观察他国的道德影响，以天下的道德影响来观察整个天下。我靠什么去了解世间万事万物的变化情况呢？靠的就是这个从“道”中演化而来的方法。

【解析】

这一章，讲的是“道”的功用，即“德”给人们带来的益处，是对四十七章和五十二章的重要补充。

周代普遍认为“德”是累世传承的关键，有“德”则天命延续，天命延续则其位可传，其有所保。老子所说的“德”，是在对这种观念及其基本框架的继承上，对“德”的内涵做了一些改变。老子认为“德”虽然是天命得以延续的根本因素，但并不认为“德”是“仁义礼”，而是认为“德”的本质就是“一”。传统的“德”是凡俗之德，可以拔除，不是至高无上的“德”，它是有缺失的，不能牢固持守，不是“善抱”；老子所说的“德”是“一”，是不可拔除的，是至高无上的“德”，它是没有缺失的，是能牢固持守的，是“善抱”。

如何获得老子所说的“德”呢？修身。在本章，老子讲了修身的原则、方法和作用。老子认为，修身的原则是人立身处世的根基，只有巩固修身之要基，才可以立身、为家、为乡、为天下，这就是“道”。老子认为这是修身唯一正确的认识方式和途径。一个人用“道”修身，他的“德”机会很充实；一个人用“道”齐家，他的“德”就会很丰足；一个人用“道”来治乡，他的“德”

就会很丰盛；一个人用“道”来平天下，他的“德”就会很盈满。

同时，老子还讲了观照修身的方法，即以理想的修“道”的一方的角度，去观照现实中不修“道”的另一方的角度，在二者的对比中就能够知道孰优孰劣、，就可以认识到“道”“德”的本质，进而达到“善德”“善抱”的目的。

【名家注解】

河上公：

建，立也。善以道立身立国者，不可得引而拔之。善以道抱精神者，终不可拔引解脱。辍，绝也。为人子孙能修道如是，则长生不死，世世以久，祭祀先祖宗庙，无有绝时。

修道于身，爱气养神，益寿延年。其德如是，乃为真人。修道于家，父慈子孝，兄友弟顺，夫信妻贞。其德如是，乃有余庆及于来世子孙。修道于乡，尊敬长老，爱养幼少，教诲愚鄙。其德如是，乃无不覆及也。修道于国，则君信臣忠，仁义自生，礼乐自兴，政平无私。其德如是，乃为丰厚也。人主修道于天下，不言而化，不教而治，下之应上，信如影响。其德如是，乃为普博。

以修道之身观不修道之身，孰亡孰存也。以修道之家，观不修道之家也。以修道之乡，观不修道之乡也。以修道之国，观不修道之国也。以修道之主，观不修道之主也。老子言：吾何以知天下修道者昌，背道者亡？以此五事观而知之也。

五十五章

【原文】

含德之厚，比于赤子。蜂虿虺蛇不螫①，猛兽不据②，攫鸟不搏③。骨弱筋柔而握固，未知牝牡之合而朘④作，精之至也。终日号而不嗄⑤，和之至也。

知和曰常⑥，知常曰明。益生曰祥，心使气曰强。

物壮则老，谓之不道，不道早已。

【注释】

①螫（shì）：毒蜂等用毒刺螫人。

②据：猛兽用爪子抓东西。

③搏：扑上去抓。

④朘（zuī）：小男孩的生殖器。

⑤嗄（shà）：哑。

⑥常：经常。这里指永恒不变的规律。

【译文】

一个人有着深厚的德行，就好比是刚刚出生的婴儿。即使是蜂蚁蛇蝎这类毒虫，也不会去蜇刺他；即使是虎豹这样的猛兽，也不会用爪子抓他；即使是鹰雕这样的凶禽，也不会扑向他。虽然婴儿的筋骨特别柔软，但他的小拳头握得非常紧；虽然他不懂男女交合的事情，但他的生殖器勃然挺立，这是因为他的精气旺盛到了极点。虽然他整日大声哭喊，但是他的声音非常清亮而不沙哑，这是因为他无欲无为，内心极其恬静柔和。

懂得和谐的作用，处事就会持久；懂得遵循自然规律，会越来越明智。对身体有利的，才是吉祥的；而一旦欲望操纵了肢体，就会逞强。就像统治者如果能够懂得虚静柔和，就能遵循自然规律处事；而能够懂得并遵循自然规律，就能够做到通达圣明。一旦骄奢淫逸，勉力让天下听从自己内心的欲望去行事，必然会为自己的统治带来不祥的后果。

世间万物，发展到极为强壮的时候就会走向衰败，这正是因为它不符合“道”的规律。不符合大道的事物就会提前走向衰亡。

【解析】

这一章，老子讲的是他的处世哲学，也称生命哲学，就是即“德”在人身上的具体体现。

本章的前半部分用一个形象的比喻，用赤子来比喻具有深厚修养境界的人，能返回到婴儿般的纯真柔和。前文已经提到过，老子认为婴儿的状态是最接近于“道”的，因此老子向往婴儿那样无知无虑的生活状态：虽然柔弱无知，却充满了生气活力；虽然号啼不停，却没有任何的功利欲望；不对社会形成种种危害，完全按照自己的生存规律行事，是最符合“道”的标准、有着深厚无比的“德”的人。

在老子看来，像婴儿那样的人因为有着修养纯厚、无欲无争的特点，所以能百害不侵，元气鼓荡充沛，有着昂扬的生命活力，是体现了“无为”原则的人，也是老子所赞美的。一些人因为巧用心机，逞强使气，欲望十足，与婴儿的行为正好相反，这样既不合乎于“道”，又会早亡，是老子所反对的。

如果纵欲贪生，使气逞强，就会遭殃，危害自己，也危害别人。于是老子提出了“精之至”和“和之至”的观点。“精之至”是形容精神充实饱满的状态，“和之至”是形容心灵凝聚和谐的状态，老子主张用这两种办法来防止外界的各种伤害，免遭不幸。

本章的后半部分讲的是抽象的道理：凡强必衰，物壮必老，所以许多人会追求益其生，但追求益生会破坏“和”的状态，反而损伤了“生”，甚至提早走向死亡，这是不合乎于“道”的路径。所以，不如像婴儿一样无心而气得其和，不生生而生自厚，这才是合乎于“道”的方略。

【名家注解】

河上公：

谓含怀道德之厚者也。神明保佑含德之人，若父母之于赤子也。蜂虿蛇虺不螫。赤子不害于物，物亦不害之。故太平之世，人无贵贱，皆有仁心，有刺之物，还反其本；有毒之虫，不伤于人。赤子筋骨柔弱而持物坚固，以其意专而心不移也。赤子未知男女之合会而阴作怒者，由精气多之所致也。赤子从朝至暮啼号声不变易者，和气多之所致也。

人能知和气之柔弱有益于人者，则为知道之常也。人能知道之常行，则日以明达于玄妙也。祥，长也。言益生欲自生，日以长大。心当专一和柔而神气实内，故形柔。而反使妄有所为，则和气去于中，故形体日以刚强也。

万物壮极则枯老也，枯老则不得道矣，不得道者早死。

五十六章

【原文】

知[1]者不言，言者不知。

塞其兑，闭其门，挫其锐，解其分，和其光，同其尘，是谓“玄同[2]”。

故不可得而亲，不可得而疏；不可得而利，不可得而害；不可得而贵，不可得而贱。故为天下贵。

【注释】

①知：知道，懂得，明白。

②玄同：玄妙的大同世界，这里指“道”。

【译文】

真正懂得“道”的统治者是不会随意发出号令的，而那些经常对百姓发号施令的统治者，必然是不明白“顺其自然”的道理。

堵塞嗜欲的感官，关闭巧利的门径，挫伤人们的锐气，调解人们之间的纠纷，让人们的思维和行为能够与世俗合为一体，这就是所谓的“玄妙的大同世界”。

因此，不能因为了解他而投其所好，（也）不能因为了解他而故意疏远他；不能因为了解而利用对方，（也）不能因为了解而伤害对方；既不能因为了解而吹捧对方，（也）不能因为了解而贬低对方。做到这些，就会成为被天下人尊重的帝王。

【解析】

这一章，老子是在对“体道之士”做进一步的描述。

前文已经多次提到过，“道”是不可言说的，只能用心去体悟，即用自然无为的心态去体悟自然无为的“道”。因此本章开篇的“知者不言，言者不知”也就很好理解了：人们往往在不太清楚一件事情的时候，才会跟别人讨论这件事情，其实是在到处求证。而那些真正了解一切的人，往往不会发表任何评论和疑问。

“知者不言”是老子首先提出的一个重要论断，这直接导致了中国美学史上的一对重要关系：“言”“意”之辨。庄子将这一认识深入地发展了下去，从而对中国古代美学和艺术的形成和发展产生了重大的影响。庄子认为“言”的存在是有其目的性的，是为了表达“意”的，意即思想的直接实现，但意所追随和服从的“道”是不可以言传的。因为“道”是没有“形色名声”的事物，不可见也不可闻，所以是不可言的。

另一方面，人们在了解了事情之后，总是根据自己的立场决定和对方的关系，这同样违反了“道”的自然和公平，保持无为中正之心才是正确的。老子认为，理想的人格形态就是“玄同”，即“挫其锐，解其分，和其光，同其尘”，都同化于一个“道”中，自然就没有什么亲疏、利害可以计较的了，所以就会为天下人所尊重。

【名家注解】

河上公：

知者贵行不贵言也。驷不及舌，多言多患。塞闭之者，欲绝其源。

情欲有所锐为，当念道无为以挫止之。纷，结恨不休也。当念道恬怕以解释之。虽有独见之明，当和之使暗味，不使曜乱人也。不当自别殊也。玄，天也。人能行此上事，是谓与天同道也。

不以荣誉为乐，独立为哀。志静无欲，与人无怨。身不欲富贵，口不欲五味。不与贪争利，不与勇争气。不为乱世主，不处暗君位。不以乘权故骄，不以失志故屈。其德如此，天子不得臣，诸侯不得屈，与世沉浮，容身避害，故为天下贵也。

五十七章

【原文】

以正①治国，以奇②用兵，以无事取③天下。吾何以知其然哉？以此：天下多忌讳④，而民弥贫；民多利器⑤，国家滋昏；人多伎巧⑥，奇物⑦滋起；法令滋彰，盗贼多有。

故圣人云："我无为，而民自化⑧；我好静，而民自正；我无事，而民自富；我无欲，而民自朴。"

【注释】

①正：正规，堂堂正正。这里指正道，或清明无为之道。

②奇：奇谋。

③取：治理，管理。

④忌讳：禁忌。

⑤利器：锋利的兵器。

⑥伎巧：技巧，技能和智慧。

⑦奇物：奇邪的事情。

⑧自化：自我演化，发展。

【译文】

以堂堂正正的方式来治理国家，用奇谋来统率部队进行作战，以不伤害和干预百姓的办法来赢取并治理天下。我是如何知道应该这样的呢？根据以下的事情：设置的禁忌越多，百姓不能做的事情越多，以致影响了民生，使百姓越来越贫穷；百姓拥有的利器太多，出现矛盾时彼此用利器互相伤害的机会也会增多，所以国家也就越混乱；百姓的技巧增多，就会关注一些奇巧的东西，国家的怪事也会随之增多；好东西越繁多，盗贼也就越多。

所以，圣人说：“我什么也不做，任由百姓依据自然规律自我教化；我保持清静恬淡，任由百姓自行改正自己的错误；我不要求百姓做什么，百姓自然会富足；我没有过多的欲望，百姓也自求淳朴，减少欲望。”

【解析】

这一章，老子讲的是治理国家、治理天下的指导思想，即“无为”的治国方略。

在老子看来，统治者为政，应当清静无为，不扰民，让民众自然而然地去过日子，自然而然地富足起来。

老子是反对“法令”的，然而人类社会的发展，却本来就是法令制度日趋完善的一个过程。但在老子所处的那个时代，繁多严苛的法令只不过是统治者对民众压迫剥削的一种工具，法令越严苛，民众所受的压迫剥削就更严重，民众的生活就越困苦，等民众被逼得走投无路，自然就会奋起反抗。“法令滋彰”也是“盗贼多有”最直接的原因，这是老子对严苛法令发出的愤慨和抨击。

对于“伎巧”，老子也是反对的。然而人类社会的发展，本来就是依靠科学技术的力量来推动物质生产的发展和商业繁荣的一个过程。不过在老子所处的时代，“伎巧”的发展造成了更多的奇特之物，只会刺激统治者的贪欲，促使他们更加疯狂地去掠夺民众。“伎巧”的发展还让人们追求狡诈淫巧，而远离淳朴，以致奇怪之事丛生，社会也变得更加混乱，因此老子才一再主张“常使民无知无欲”。

老子认为，要避免“法令”和“伎巧”带来的祸患，无论是为政者还是民众，都要加强自我修养，排除私欲，不露锋芒，超脱纷争，混同尘世，不分亲疏、利害、贵贱，以开豁的心胸与无所偏的心境去对待一切人和物，如此天下便可大治。

【名家注解】

河上公：

以，至也。天使正身之人，使至有国也。奇，诈也。天使诈伪之人，使用兵也。以无事无为之人，使取天下为之主。此，今也。老子言：我何以知天意然哉？以今日所见知之也。天下谓人主也。忌讳者防禁也。今烦则奸生，禁多则下诈，相殆故贫。利器者，权也。民多权则视者眩于目，听者惑于耳，上下不亲，故国家昏乱。人，谓人君、百里诸侯也。多技巧，谓刻画宫观，雕琢章服，奇物滋起，下则化上，饰金镂玉，文绣彩色日以滋甚。法物，好物也。珍好之物滋生彰著，则农事废，饥寒并至，而盗贼多有也。

圣人言：我修道承天，无所改作，而民自化成也。圣人言：我好静，不言不教，民皆自忠正也。我无徭役征召之事，民安其业，故皆自富也。我常无欲，去华文，微服饰，民则随我为质朴也。圣人言：我修道守真，绝去六情，民自随我而清也。

五十八章

【原文】

其政闷闷[①]，其民淳淳[②]；其政察察[③]，其民缺缺[④]。

祸兮，福之所倚；福兮，祸之所伏。孰知其极[⑤]？其无正[⑥]。正复为奇[⑦]，善复为妖[⑧]。人之迷，其日固久。

是以圣人方而不割，廉而不刿[⑨]，直而不肆，光[⑩]而不燿。

【注释】

①闷闷：质朴的样子。

②淳淳：淳朴厚道的样子。

③察察：严苛的样子。

④缺缺：狡黠、抱怨，不满足的样子。

⑤极：终极，最后的结果。

⑥正：定准，标准。

⑦奇：邪，诡异不正。

⑧妖：恶。

⑨刿（guì）：戳伤。

⑩光：放光，这里指高尚的人格之光。

【译文】

如果统治者施政宽厚质朴，那么百姓自然也会非常淳朴；如果统治者施政严厉，那么百姓自然也会变得狡诈。

灾祸啊，总是被幸福所依傍；幸福啊，其中也总是潜伏着灾祸。谁又能知道这两者之间的变化有没有终点？福与祸没有确定的标准。正常的情况可以变得反常，善良也可以变成邪恶。人心对这种事情的迷惑，也算是由来已久了。

因此，圣人端庄方正却没有伤害过别人，棱角分明而不会戳伤他人，性格直率但不放肆，人格魅力光芒四射但从不炫耀自己。

【解析】

这一章，老子讲的是统治者的治国，主要从政治、社会、人生三个层面，阐明老子的辩证思想。

第一个层面，老子谈的是统治者的政治手段与民风的关系。老子认为统治者的政治手段如果宽厚，民风便会淳朴；如果统治者的政治手段严苛，民风便会疏薄诈伪。政治手段的使用和百姓的心理态度形成一对辩证关系。

第二个层面，老子谈的是祸福、正奇、善妖的关系。老子认为福祸、正奇、善妖都是相互依存的，不可截然分开，双方在一定条件下互相转化，因此要用辩证、发展的眼光看问题，否则人们更加迷惘，国家和民众都将承受灾难。

讲变通、讲相对、讲辩证，是老子哲学的一个突出特点。强调事物本身的多元或二元的对立，从本质上确立变化之基，这就从理论角度建立了变化的依据，也是道学千年不衰的根基。

第三个层面，老子谈的是作为体“道”圣人的统治者，善于执中守道，以不偏不倚的辩证态度对待外界、完善自身，才是合乎于“道”的理想的治国之道。

总之，本章的内容一方面表现老子对于人生命运无法把握的失落情绪，另一方面也展示了他在纷繁世事面前的深邃智慧，即用变化发展的视野对待事物，用中庸的手段去保护自己。

【名家注解】

河上公：

其政教宽大，闷闷昧昧，似若不明也。政教宽大，故民醇醇富厚，相亲睦也。其政教急疾，言决于口，听决于耳也。政教急疾，民不聊生，故缺缺日以踈薄。

倚，因也。夫福因祸而生，人遭祸而能悔过责己，修道行善，则祸去福来。祸伏匿于福中，人得福而为骄恣，则福去祸来。祸福更相生，谁能知其穷极时。无，不也。谓人君不正其身，其无国也。奇，诈也。人君不正，下虽正，复化上为诈也。善人皆复化上为妖祥也。言人君迷惑失正以来，其日已固久。

圣人行方正者，欲以率下，不以割截人也。害，伤也。圣人行廉清，欲以化民，不以伤害人也。今则不然，正己以害人也。肆，申也。圣人虽直，曲己从人，不自申也。圣人虽有独见之明，当如暗昧，不以曜乱人也。

五十九章

【原文】

治人，事天①，莫若啬②。

夫唯啬，是谓早服③；早服，谓之重积德④；重积德，

则无不克；无不克，则莫知其极[5]；莫知其极，可以有国；有国之母[6]，可以长久。是谓深根固柢、长生久视[7]之道。

【注释】

①事天：侍奉上天，也指侍奉天地。

②啬（sè）：吝啬，引申为爱惜，收敛。

③早服：趁早服从于道。

④重积德：多积累德行。重，多。

⑤极：极点，尽头。

⑥母：根本，指“道”。

⑦长生久视：长久生存。

【译文】

对统治者而言，侍奉天地，治理百姓，没有什么比爱惜精神、收敛知识更好更有效的方法了。

爱惜精神和收敛知识的方式，就是所谓的尽早服从“道”的思想；早日服从“道”，就会重视积累德行和禀赋；注重积累德行与禀赋，则没有什么困难不能攻克；任何困难都可以攻克，就没有人能知道他的极限在哪里；力量大到仿佛没有极限，可以拥有国家，作为统治者；掌握了国家的根本大道，能保证整个国家长治久安。这就是根深蒂固，以求长久生存的道理。

【解析】

这一章，老子讲的是“治国养生”之道，“治国”自然是对统治者而言，但“养生”是人人适用，具有普遍的意义。人们也可以将本章看作老子在重点阐述“啬德”的重要意义。

“治人，事天，莫若啬。”本章一开篇，老子就提出了统治者为政应“啬德”的观点。老子所说的“啬德”，不是吝啬，而是俭省。老子曾说“我有三宝，一曰慈、二曰俭、三曰不敢为天下先”，在老子看来，俭省是为政处世的重要法宝，这反映了他对于统治阶级挥霍浪费、劳民伤财的恶行恶德的极端不满。老子从治人事天的高度谈俭省，认为俭省是兴邦、固邦的根本要义。只有不断地积累财富和力量，才可以应付意外发生的变故，才可以最大限度地减轻百姓的负担，才可以使邦国永固。在老子看来，“啬德”还是“无为”，即统治者为政要采取“无为”的原则，不该做的尽量不做，以“无为”实现“啬德”。

从养生的角度来看，“啬德”是老子无欲之论的具体运作。“啬德”反对的对象是暴殄天物和残害生命。就人的本身发展来说，需要“道”的本质体现——“神”来统摄生命，需要道的具体再现——“精”来持养生命，需要道的外化形态——“气”来生动生命，这些是维持和支撑生命的必备因素。对于这些重要因素，老子提倡要“啬”，要俭省，不要过多地浪费自我的精、气、神，尤其是将之施于名利权色之上，那只能是一种耗损自我生命的偏离于“道”的行为。老子认为一定要坚持“啬德”，才能使自我始终拥有充沛的生命活力。

总之，老子的“啬德”有两种基本的含义，一是针对君王政治、驭民治邦，要节俭积累：二是针对人本身，要养生摄生、保持生命的完满充裕。

【名家注解】

河上公：

谓人君治理人民。事，用也。当用天道，顺四时。

啬，爱惜也。治国者当爱惜民财，不为奢泰。治身者当爱惜精气，不为放逸。

早，先也。服，得也。夫独爱惜民财，爱惜精气，则能先得天道也。先得天道，是谓重积得于己也。克，胜也。重积德于己，则无不胜。无不克胜，则莫有知己德之穷极也。莫知己德有极，则可以有社稷，为民致福。国身同也。母，道也。人能保身中之道，使精气不劳，五神不苦，则可以长久。人能以气为根，以精为蒂，如树根不深则拔，果蒂不坚则落。言当深藏其气，固守其精，使无漏泄。深根固蒂者，乃长生久视之道。

六十章

【原文】

治大国，若烹小鲜①。

以道莅②天下，其鬼不神③。非其鬼不神，其神不伤人；非④其神不伤人，圣人亦不伤人。夫两不相伤，故德交⑤归焉。

【注释】

①小鲜：小鱼。

②莅：居高临下，治理。

③神：显灵。

④非：不仅仅。

⑤交：双双，先后，都。

【译文】

治理大国，就像烹制小鱼一样。（烹鱼的时候不能随意翻搅，频繁地翻搅会把鱼搅烂。治理大国也不能随意妄为，妄为会伤害民心、损害国家。）

使用“道”的思维治理天下，那些鬼怪也就不会显灵了。并不是鬼怪不再显灵，而是显灵后也不会作祟了；非但鬼怪不会伤人，就连圣人也不会伤害百姓。两者都不对百姓产生侵扰，功德和恩泽自然也就归于百姓了。

【解析】

这一章，老子还是在讲治国之道。

一方面，“治大国，若烹小鲜”，是对老子政治思想的高度概括。“烹小鲜”就是煎烹小鱼。小鱼很鲜嫩，用刀乱切或在锅里频频搅动，肉就碎了，因此需要格外小心谨慎。老子认为，国家也和小鱼一样鲜嫩脆弱，所以统治者治理国家时要像煎小鱼那样小心谨慎，不要任意地发号施令，翻弄国家，而要清静无为。

另一方面，老子也借“治大国，若烹小鲜”这样的比喻，来表明得“道”之人治理国事显得挥洒自如，轻松愉快，处理政务犹如烹炸一道美味的佳肴那样，而这一切都是因为其遵守和体现了“道”的精神。

遵循“道”的规律，用“无为”的原则处理国事，就连危害人类的鬼神都不起作用，这再一次体现了“道”的神奇和伟大。而人们如果去追求“道”，掌握“道”，也会因为拥有了“道”而神行天下，无所畏惧，不受到任何伤害。这样一来，就能社会太平，民众安乐。宇宙万物都得到了自然无为之“道”的滋养，这就是“德”，所以说

“德交归焉”。

中国古代的历史也证明了“自然无为”的统治之道确实适应了以自然经济为基础的中国农业社会的发展规律，在一定程度上促进了社会的稳定和经济的发展。

【名家注解】

河上公：

鲜，鱼也。烹小鱼不去肠、不去鳞、不敢挠，恐其糜也。治国烦则下乱，治身烦则精散。

以道德居位治天下，则鬼不敢见其精神以犯人也。其鬼非无精神，邪不入正，不能伤自然之人。非鬼神不能伤害人。以圣人在位不伤害人，故鬼神不敢干之也。鬼与圣人俱两不相伤也。夫两不相伤，则人得治于阳，鬼得治于阴；人得全其性命，鬼得保其精神，故德交归焉。

六十一章

【原文】

大邦者下流[①]，天下之牝，天下之交[②]也。牝常以静胜牡，其为静也，故宜为下。

故大国以下小国，则取小国；小国以下大国，则取于大为。故或下[③]以取[④]，或下而取。大国不过欲兼畜人[⑤]，小国不过欲入事[⑥]人，夫两者各得其所欲。大者宜为下。

【注释】

①下流：下游，水汇聚的地方。

②交：汇集。

③下：谦下。

④取：通“聚”，汇聚。

⑤兼畜人：聚养众人。

⑥入事：侍奉，顺从。

【译文】

大国应居于河流的下游，即处于天下雌柔的位置，那正是天下河流与万物汇聚的地方。雌柔常常凭借自己的静谧和淡定战胜强雄。这正是因为雌柔淡定，所以适合处于下方。

因此，大国以谦下的态度对待小国，则能汇聚众多的小国，使它们处于自己的统治之下；小国以谦下的态度对待大国，则能够获得大国的庇护。所以，谦下有时候能够汇聚众多的力量，有时候能够获得更强大的力量。大国只不过是汇聚更多的小国来增强自己的实力，小国只不过是想融入大国从而获得发展的机会，彼此的愿望都达到了满足。其中大国作为统治者，更应该态度谦下才对。

【解析】

这一章，老子主要针对当时兼并战争带来的痛苦，讲到如何处理好大国与小国之间的关系，表达了老子在治国和处理国与国关系上的政治主张。

老子所处的时代，是列国争霸的时代，大国争夺霸主地位，以便奴役小国。小国时时生活在为大国所灭的恐惧之中，因此奔波于各个大国之间，贡献财物，割裂土地，以寻求暂时的安宁。当时大国争霸的局面，不仅让小国饱受奴役之苦，也使大国为了争霸而疲于奔命。针对当时的这种现状，老子提出了“大国下流”的外交原则，即大国要谦下和不争。

在老子看来，国与国之间能否和平相处，关键在于大国，所以一再提出大国要谦下，不可以恃强凌弱，欺压、侵略小国。大国应该像江海，谦居下流，天下才能交归。大国应像娴静的雌性，以静自处下位，而胜雄性。

虽然历史告诉我们：大国不会长久地谦让小国，小国也不愿长期居于下位，但老子的这种谦虚为下的思想还是得到了很好的发扬，尤其在一些懂得礼贤下士的贤明君主身上，从而创造了中国历史上一个个辉煌的盛世。

【名家注解】

河上公：

治大国者，当如江海居下流，不逆细微。大国者，天下士民之所交会。牝者，阴类也。柔谦和而不唱也。女所以能屈男，阴胜阳，以其安静，不先求之也。阴道以安静为谦下。

能谦下之，则常有之。此言国无大小，能执谦畜人，则无过失也。下者谓大国以下小国，小国以下大国，更以义相取。大国不失下，则兼并小国而牧畜之，入为臣仆。大国小国各欲得其所，大国又宜为谦下。

六十二章

【原文】

道者，万物之奥[①]。善人之宝，不善人之所保[②]。

美言可以市[③]，尊行可以加人[④]。人之不善，何弃之有？故立天子，置三公，虽有拱璧[⑤]以先驷马[⑥]，不如坐进此道。

古之所以贵此道者何？不曰以求得、有罪以免耶？故为天下贵。

【注释】

①奥：主宰。

②所保：保存的东西。

③市：交易。

④加人：见重于人，受人尊重。加，重。

⑤拱璧：双手捧着玉璧。

⑥驷马：四匹马拉的车。

【译文】

道，是万物的主宰。它是善良之人的法宝，不善良之人的依靠。

美好的言辞能够换来自己所需要的东西，高尚的行为可以得到他人的重视。百姓中即使有不善良的人，大道又怎么会随意抛弃他们呢？因此，与其设立天子、设置三公，让这些人坐在四匹骏马拉的马车上，并双手奉上美丽的玉璧，还不如坐下来深入了解“道”的意义。

古代人为什么把“道”看得无比贵重呢？不正是说：求道者可以有所得，有罪者就能够免除罪责，所以道为天下贵。

【解析】

这一章，老子再次阐明了“道”的重要性，赞扬了“道”平等对待万物的包容心。

前面已经多次提到，“道”是世界的本原，生发、滋养了一切万物，它保护“善”的人，也不抛弃“不善”的人，只要合乎于“道”的规律，它都会答应。

老子认为，“善”是“道”赋予人的一种美好的人格，是合乎于“道”的，而“不善”则是“有为”所致，是偏离于“道”的，因此老子在本书中一再劝人向善，早日悟“道”。

其实，每个人都想掌握“道”的规律，因为它可以使人的言语增添色彩，魅力十足；可以使人的行为美好，卓然不群；可以使人有求必应，消灾免罪。因此，纵然是贵为天子、朝廷重臣，也不如得“道”之人高贵、神奇。倘若向天子、朝臣献礼，最重的礼品也是“道”，因为“道”可以使人实现一切目的，拥有了“道”，也就拥有了一切。

不过，“道”虽然能使人消灾免罪，但并非是视法律如无物，而是悟“道”之人根本不会触及法律，自然也就无罪可罚，这其实也就是老子一直在说的“无为”。

不过，人很难一下子就悟得“道”而进入“无为”的状态，大多数人都需要通过“有为”的自身修养，一步步向“无为”的状态靠近。“无为”是一种天性，而“有为”的“无为”则可以说是一种老滑了。不过这种老滑是以不侵犯他人利益为基础的，也不失为一种安身立命的法宝，这也可以视为老子在乱世中求全身的一个策略。

【名家注解】

河上公：

奥，藏也。道为万物之藏，无所不容也。善人以道为身宝，不敢违也。道者，不善人之所保倚也。遭患逢急，犹知自悔卑下。

美言者独可于市耳。夫市交易而退，不相宜善言美语，求者欲疾得，卖者欲疾售也。加，别也。人有尊贵之行，可以别异于凡人，未足以尊道。人虽不善，当以道化之。盖三皇之前，无有弃民，德化淳也。欲使教化不善之人。虽有美璧先驷马而至，故不如坐进此道。

古之所以贵此道者，不日日远行求索，近得之于身。有罪谓遭乱世，暗君妄行形诛，修道则可以解死，免于众耶也。道德洞远，无不覆济，全身治国，恬然无为，故可为天下贵也。

六十三章

【原文】

为无为，事无事，味无味。

大小多少[①]。（报怨以德。[②]）图难于其易，为大于其细。天下难事，必作于易；天下大事，必作于细。是以圣人终不为大，故能成其大。

夫轻诺必寡信，多易必多难。是以圣人犹[③]难之，故终无难矣。

【注释】

①大小多少：大从小长成，多从少积累而成。

②“报怨”句：此句与上下文不合，应移至七十九章。

③犹：均，都。

【译文】

所作为的，是没有作为；所行事的，是无所行事；所品味的，是平淡无味。

所有的大都是从小长成的，所有的多都是从少积累而成的。（用德行去回报怨恨。）解决困难的事情要趁它简单的时候去解决，处理重大的事情要趁它细小的时候去处理。因为天下的难事，必须从简单的地方做起；天下的大事，必须从细微之处入手。因此，圣人从不妄自尊大，反而能成就自身的伟大。

轻易承诺必然很少能够守信，把事情看得过于容易也必然会遇到很多困难。因此，圣人遇到所有的事情都把它们看得很难，（因为很难，所以才更加用心地为之做准备。）所以最终没有什么困难能够难倒那些真正懂得"道"的意义的人。

【解析】

这一章，老子是在阐发"无为而无不为"的道理，也可以说是阐述一种处世哲学。

本章一开篇，老子就提出了本章的主旨："为无为，事无事，味无味"，以无为的态度去有所作为，以不滋事的方法去处理事物，把恬淡无味当作有味。从前几章的内容来看，老子反对以烦琐的禁令去捆住人民的手脚、限制和扰乱百姓的生活，要想有所作为，就必须采取顺应自然的态度，必须以平静的思想和行为对待生活。因此对于开篇的这句话，我们可以理解为老子是在主张身在上位的"圣人"，在为政时应做到恬淡寡欲，清静无为，不扰民，不滋事。

接下来，老子探讨了"难易""大细"的关系和应对方法。在道德经一书中，老子多次强调了事物的对立性、两面性，在这里更是明确了事物的难和易、大和小的互相转化，提醒人不能只看到事物容易的一面，而忽视了困难的一面：不能只看到了重大的一面，而忽视了细微的一面。

在老子看来，任何事物都是由难易、大小交织而成的，都是由小到大、由易到难的，因此，人们必须重视细微之处的处理，重视遇到的困难，认真地谋划，精心地计算，周到地准备，才能把事情做好。

轻易许诺，总是会有做不到的；看轻祸患，就总是会有祸患到来。而体“道”的圣人，习惯于把事情看得很困难，从而谨慎小心地去做事，所以最终总是能克服困难；习惯于像祸患已经发生一样重视祸患未发生时的平静，所以总是能避免大祸降临。

【名家注解】

河上公：

因成循故，无所造作。不预设备，除烦省事也。深思远虑，味道意也。

陈其戒令也。欲大反小，欲多反少，自然之道也。修道行善，绝祸于未生也。欲图难事，当于易时，未及成也。欲为大事，必作于小，祸乱从小来也。从易生难，从细生著。处谦虚，天下共归之也。

不重言也。不慎患也。圣人动作举事，犹犹进退，重难之，欲塞其源也。圣人终身无患难之事，由避害深也。

六十四章

【原文】

其安易持，其未兆易谋；其脆易泮[①]，其微易散[②]。为之于未有，治之于未乱。

合抱之木，生于毫末[③]；九层之台，起于累土[④]；千里之行，始于足下。

（为者败之，执者失之。是以圣人无为，故无败；无执，故无失。[⑤]）

民之从事，常于几成[⑥]而败之。慎终如始，则无败事。

（是以圣人欲不欲，不贵难得之货；学不学，复[⑦]众人之所过。以辅万物之自然，而不敢为。[⑧]）

【注释】

①泮：融解，破除。

②散：化解。

③毫末：细微的萌芽。

④累土：积累的泥土。

⑤“为者败之”句：括号中的语句与上下文不合，疑其位置错误，应移至二十九章。

⑥几成：接近成功。

⑦复：扭转，引申为纠正。

⑧“是以圣人欲不欲”句：括号中的这些语句与上文不合，而且与前面的章节有重复之处，疑应删除。

【译文】

局势安定时，易于把握时机；事情还没有迹象时，才容易做出周全的谋划；事物力量脆弱的时候，更容易摧毁；问题还处于细微阶段时更容易解决。矛盾最好在它还没有出现时就处理妥当，混乱也要在它还没有发生时就予以平息。

合抱的大树，是从细小的萌芽生长而来的；多层高的楼台，也是用泥土一点点堆积而成的；千里远的路程，也是一步一步走出来的。

（任意妄为的人会失败，强求的人希望会落空。因此，圣人无所作为，也就不会招致失败；不曾执着，也就不会失望了。）

百姓做事情，经常在快要成功的时候失败。如果自始至终都像一开始的时候那样慎重，也就不会那么容易失败了。

（因此，圣人想要的就是没有欲望，他们不会过于重视那些稀有的珍宝，而是想保持那种没有知识的状态，以此来纠正世人所犯的过错。这样可以帮助万物回归自然，而不再妄加干涉。）

【解析】

这一章从内容上讲与前一章相接续，仍然是谈事物发展变化的辩证法，从事物发展的规律说到“道”的自然无为的本质。

要读懂这一章，必须要先弄懂上一章“为无为，事无事，味无味”的道理。老子认为，大的事物总是从小的东西发展起来的，任何事物的出现，总有自身生成、变化和发展的过程，人们应该了解这个过程，并对于在这个过程中事物有可能发生祸患的环节给予特别注意，杜绝祸患的出现。

在本章，老子就是从“大生于小”的观点出发，进一步阐述事物发展变化的规律，说明“合抱之木”“九层之台”“千里之行”的远大事情，都是以“生于毫末”“起于累土”“始于足下”为开端的，形象地证明了大的东西

排名第9，星巴克排名第88。而2003年2月份的《财富》杂志上公布的全美最受赞赏的公司，星巴克名列第9。

在华尔街，星巴克已经成为投资者心目中的安全港。在过去短短的10年时间里，星巴克的股价在经历了4次分拆之后，攀升了22倍，收益之高已超过了通用电气、百事可乐、可口可乐、微软以及IBM等大公司。

如今，星巴克已经是拥有两万多家门店的大型企业，仅在中国就有2000多家，不仅如此，星巴克还在以平均每天开业6家店的速度在世界范围内展开，成为全球最大的咖啡零售商、咖啡加工厂。

那么，是什么创造了星巴克的奇迹呢？星巴克董事长霍华德·舒尔茨说："我们的最大优势就是与合作者相互信任，成功的关键是，在高速发展中，保持企业价值观和指导原则的一致性。而在这种价值观里，员工第一，顾客第二，把员工当作合作伙伴，是最重要的一点。"

作为企业的领导者，如果能够正视员工在企业中的重要性，就能突破把员工当成企业赚钱工具的观念，从而更好地发现人才，把员工当成公司的主人，自己的合作伙伴。毋庸置疑，合作伙伴的利益和企业的利益必然是一致的。当领导者把员工当成公司的主人时，员工就成为了企业不可或缺的人。企业不轻易解雇员工，而且为其创造出最适合其自身发展的工作环境。领导者重视员工，关心员工的切身利益，满足他们各方面的需求，就会使员工感受到尊重，并充分调动起员工的积极性和创造性。

反过来讲，当员工感受到自己是公司的主人时，就会对企业有一种归属感和荣誉感。自然会负起“公司主人”的责任来，积极工作，主动为企业的发展出谋划策，工作效率自然会提高，从而为企业创造更大的价值和效益。

然而，在职场中，我们有时会听到一些下属在私底下这样抱怨领导者：“功劳是他的，荣誉也是他的，我们得到了什么呢？”事实确实如此。在企业里，有一些领导者喜欢把所有的工作成果都据为己有，不愿意适当地奖励下属。他们认为员工无非就是为企业打工的人，是企业的赚钱机器，没有必要把他们当成公司的合伙人或者主人。殊不知，他们的做法让下属认为他们窃取了自己的劳动成果或者思想果实，是对下属极不尊重的一种行为。

如今，企业和员工是平等的，是双向选择的，员工可以选择企业，企业也可以选择员工。当企业发展到一定的规模，管理走上了正轨的时候，这种双向选择就应该保持相对的稳定性。也就是说，企业根据自己的发展选择合适的人才，同时给予对方相应的发展空间和平台，当员工在企业里获得培养，能够发挥一定的作用和绩效时，企业希望员工具有稳定性，但由于客观因素的吸引，获得培养的优秀员工可能会选择跳槽，这对企业来说将是一个很大的损失。

所以，作为领导者，应该想方设法让员工自愿留在企业，让他们愿意与企业同呼吸共命运。例如，领导者可以给予员工一些经济利益；给他们创造和谐、优越的工作环境；为他们搭

建一个良好的发展平台；把员工的个人目标和企业的长期目标相结合，等等。

深谙心理学，才能成为管理高手

在职场中，每个领导者都希望自己是一个非常优秀的管理者，希望自己拥有大批的服从者和追随者，希望自己能在关键时刻呼风唤雨、纵横捭阖，办成常人办不了的事情，解决常人解决不了的问题。这样的管理高手无不让人为之倾倒，令人羡慕，但是怎样才能做到这一切呢？很重要的一点就是成功的领导者一般都是心理学高手。因为他们深谙心理学，所以会以最快、最准的速度抓住下属的心理，从而对症下药，从心理层面上去影响和引导下属，从而有效地进行管理。

美国玫琳凯化妆品公司的总裁玫琳凯是一个颇有管理心得的管理者。

一天，玫琳凯在参加业务会议的时候，发现公司里有一位美容师的衣着、妆容和她的身份很不相符，于是很生气，想过去斥责她。但她突然想到：如果我这样过去批评她，她会改掉自己的毛病吗？如果因此而伤害了她的自尊心，她会跟我反目成仇，甚至影响整个会场的气氛。就这样，她放弃了批评这位美容师的打算，而是想到了一个更巧妙的方法，既能让这位美容师接受批评、改正错误，又不破坏彼此之间的关系。

玫琳凯从自己的秘书那里了解到，这名美容师刚入行。于是她就想：如果采取直接批评的方式，肯定会伤害对方，如果自己不直接批评，而是选择影射的方式来点化她，这样既不会影响公司的整体形象，还会让她感激自己。

于是，会议快要结束的时候，玫琳凯走上台，作了一个即兴演讲，演讲的题目是“美容师的仪容和着装”。玫琳凯的演讲得到了与会者的一致好评，玫琳凯发现那位美容师羞愧地低下了头。第二天，当玫琳凯再次见到那位美容师时，她发现这位美容师变化很大，不仅衣着整洁朴素，而且不失职业风范。于是玫琳凯微笑着向美容师点了点头，美容师也明白了玫琳凯的意思，非常感激地向玫琳凯鞠了一躬。后来，美容师不但改掉了自己身上的缺点，而且在极短的时间之内，成为玫琳凯的得力助手。

面对下属的错误，玫琳凯没有选择马上训斥她，而是从对方的心理着手，选择用一场演讲来点醒对方，这样既不得罪对方，让彼此下不了台，又让下属很快意识到自己的错误，从而及时改正。对此，我们不能不说玫琳凯确实是一个深谙心理学的管理高手。

在现代企业管理中，领导者要明白，用人的关键在于赢得人心。打败一个人很容易，而要赢得一个人的心却很难。战胜一个人，你得到的只是一时的胜利，而赢得一个人的心，你将得到永久的胜利。

阿里巴巴CEO马云是一个不喜欢安安稳稳坐在办公室里的人，当中国大多数CEO都坐在总裁办公室里倾听下属汇报工作

的时候，马云早已去员工的办公室里“闻味道”了。

所谓“闻味道”是这么一回事：马云经常笑容可掬地走到某位员工的身旁，亲切地与其交流，并且拍着对方的肩膀倾听其工作中的难题，和员工打成一片。他的这种管理方式，既不会让下属感到唐突，又能及时了解下属的工作状态。时间一长，下属们也习惯甚至爱上了这种上下级的沟通方式。这也就成为阿里巴巴的一种文化——“闻味道”。

马云说，他只有经常去闻一闻味道才能了解员工的工作状态，“谁积极谁不积极我一闻就知道了，根本用不着主管来向我汇报，我只相信我的‘鼻子’。”

在阿里巴巴，还有一件有趣的事情，那就是员工可以直呼他们老板——马云的名字。公司员工之间直呼其名或许不算奇怪，但是这种“犯上”的现象，如果不是亲眼所见会让人觉得不可思议。不只是马云，即使在淘宝网，员工们也习惯称他们的总经理孙彤宇为“财神”。

在公司里，如果有员工记不住或者新来的员工“不懂规矩”，尊称马云“马总”时，他会立即提醒对方：“拜托你，别叫我马总好不好，叫马云！”

对此，马云坦然地说：“我希望自己跟同事之间是真挚的感情，像亲人一样的感情，而不是单纯的老总和下属的关系，叫我名字很正常，名字既然起了就是让人叫的。”而员工们也习惯把马云当成自己的家人来看待，一位阿里巴巴的员工这样评价马云：“我感觉他本质非常好，非常善良，比较照顾周围

的人，而且不是应付也不是应酬，是发自内心的关心。他把我们当朋友，他付出从来不讲回报，他很平等待人，而且做得很正。很多事情我们觉得很困难，可是他却说你看我们还有这么多希望，跟他工作我们感到很快乐！”

从管理的角度来讲，员工就是企业的内部客户，领导者必须先服务好员工，让他们有良好的情绪，让他们一想到工作就感到开心、快乐，并且愿意在企业的平台上不断成长，在工作中能够获得超越工作本身的价值和意义，他们才能把这种使命感和情感传递给客户，才能给企业创造更多的效益。

领导的关键在于经营人心。因此，一个成功的领导者要精通心理学。一个不懂心理学的领导，不是个好领导。领导者只有精通心理学才能够更好地驾驭人心，成功地领导一个团队，管理一个企业。

手表定律：要让员工跟随你，保持一致

如果给你一块手表，你可以知道准确的时间；当你拥有两块或者两块以上的手表时，就很可能不知道准确的时间，这样会让你感到很混乱，对自己失去信心。

某大森林里生活着一群猴子，每当太阳升起的时候，猴子们就外出觅食，而太阳落山时，猴子就回来休息，日子过得很安逸。

一天，一名游客穿越森林时，不小心把手表丢在了森林

里，被一个叫“猛可”的猴子拾到了。“猛可”很聪明，它很快就搞清楚了手表的用途，并因此成为森林里猴群的明星，每天都有很多猴子来向“猛可”询问确切的时间，从此以后，整个猴群的作息时间都由“猛可”来规划。“猛可”逐渐建立起了威望，当上了猴王。

当了猴王的“猛可”认为是手表给自己带来了好运，于是它每天都去森林里巡查，希望能够拾到更多的表。功夫不负有心人，“猛可”又拥有了第二块、第三块表。但是，多出来的这些表并没有给“猛可”带来好运，而是给它增加了很多麻烦。因为每只表的时间指示都不一样，这让“猛可”犯难了，哪一个才是确切的时间呢？当其他猴子来问时间时，“猛可”支支吾吾，整个猴群的作息时间也因此变得混乱。过了一段时间，猴子们起来造反，把“猛可”推下了猴王的宝座，“猛可”的收藏品也被新任猴王据为己有。但很快，新任猴王同样面临着“猛可”的困惑。

这就是著名的手表定律。手表定律告诉我们：在企业管理方面，对同一个人或同一个组织不能同时采用两种不同的方法，也不能同时设定两个不同的目标，甚至每一个人不能由两个人来同时指挥，否则将使这个企业或者个人无所适从。

作为一名领导者，要深刻理解“手表定律”的含义，并有效地避免“手表定律”给管理工作带来的负面影响，具体应做到：

1.一个组织只能有一个领导者

在企业里，但凡领导者都希望下属按照自己的命令去行事，而如果企业的一个部门同时由两个人或者更多的人来管理，而彼此之间又意见不统一，下属该怎么办呢？他们只能选择原地不动，等各位领导的意见完全统一后再去执行任务，很显然，这会严重影响工作的效率。因此，一个组织即使有两个或更多的领导，也要分出个主次来，最好由一个人发号施令，否则，大家平起平坐，谁也不服谁，只能使事情变得更糟。当然，如果两个领导或者几个领导的意见都是统一的，同声同气同目标，那倒是没有问题，可如果这样的话，为什么一个人可以做到的事情要安排给两个人，这不是人员浪费吗？

2.一个组织最好采取同一种管理方法

一个组织最好采取一种管理方法，如果采取两种不同的管理方法，就无从发展。比如美国在线和时代华纳的合并就是一个典型的失败案例。当时，美国在线是一家年轻的互联网公司，企业文化追求决策迅速、操作灵活，公司发展的目标要求是“快速抢占市场”。而时代华纳是一家老公司，它们的企业文化注重诚信之道和创新精神。两家企业文化冲突很大，而在两家公司合并之后，企业的领导者并没有对这两种价值标准之间的冲突进行良好的解决，导致员工根本不清楚企业未来的发展方向。最终的结果只能是两家公司的世纪联姻以失败而告终。

3.果断地判断，选择你认为正确的

无论面对什么问题，领导者都应该采取果断的措施，合理制定出团队能达成的目标。比如，当下属只有一块手表时，即使显示的时间是错的，当然下属并不知道时间是错的，他就只

能按这个时间来行事。而如果你给他两块手表，时间又不同，他就不能确定哪一块手表的时间是准确的，这就只能责怪给他手表的人，为什么要给他两块表，而又不告诉他哪一块表的时间准确呢？再比如，在跑步比赛中，如果只有一个目的地，我们就能判定谁会最终获得成功，而如果设定两个目的地，做不出判定就不能怪选手，而只能怪组织跑步比赛的人了。

总而言之，两块时间不同的表是无法告诉一个人准确的时间的，它只能让看表的人不知所措。因此，作为领导者，一定要作出果断的判断，选择其中较值得信赖的一块，然后把时间校准，并以此作为你的标准，听从它的指引。

权威效应：用影响力激发员工的无限潜能

什么是权威？权威就是更有威信、更有可信度的人。心理学家经过研究发现，无论是在生活中还是工作中，人们都更容易听信“权威人物”所说的话，即使对方有时说的是错的，自己也会盲目服从。下面这个实验就证明了这一现象。

在一所大学里的一堂心理学课上，有一位心理学家向同学们介绍：“这位是我从外校请来的德国教师，他在德国是一位著名的化学家。”

课上，这个化学家拿出了一个装有蒸馏水的瓶子，对同学们说：“同学们，这是我新发现的一种化学物质，有一种奇怪

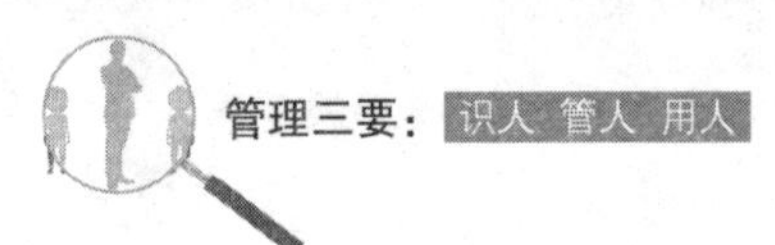

的味道，请在座的各位闻一闻，如果闻到了味道就举手。”

结果，大多数学生都举起了手。

我们知道，蒸馏水是没有任何气味的，但是经过这位“权威”化学家的语言暗示，大多数学生都举起了手。其实，这就是一种“权威效应”。权威效应普遍地存在于我们的生活和工作中，原因就在于人们存在的“安全心理”和“认可心理”。所谓安全心理，也就是说，人们总认为权威人物的思想、行为和语言都是正确的，服从他们会让自己有一种安全感。而“认可心理”是指人们认为权威人物的要求应该和社会要求相一致，按照权威人物的要求去做，就会得到社会的认可。

在企业中，很多领导者认为管理下属非常困难，主要原因就在于他们只看到了下属的缺点，却没有意识到下属之所以会有这样或那样的毛病，是因为深受领导的影响。

郭台铭是中国台湾第一大民营制造企业鸿海集团的首席执行官。他从做黑白电视机配件起家，后涉足IT产业配件、铸造业等，短短5年内征战全球各大洲，所向披靡，被美国《商业周刊》评为“亚洲之星”中的最佳创业家，连续数年登上《福布斯》全球富豪榜。

郭台铭成功的一个秘诀就是以身作则，亲自带领下属去执行工作任务。

他是个急性子，经常随身带个小闹钟。他带人如带兵，他看不得年轻人不上进，看不得做事没效率，他可以三天三夜不睡觉赶出货来，可以直接冲到生产线，连续6个月守在机器旁，

硬是盯着磨出技术！

有人问他，管理有什么诀窍？他回答说："哪有什么诀窍，主管带头做，底下照着做，就是如此。"有人问他，鸿海的企业文化是什么？他说："上行下效，就是鸿海的文化！"

郭台铭用自身的影响力来激发员工的无限潜能，其实，这就是当今时代最需要的管理艺术。儒家创始人孔子就对领导者以身作则非常重视，他说："君子之德风，小人之德草，草上之风，必偃。"对于企业来说，领导者的行为就像风，而员工的行为就像草，领导者这股风往哪里刮，员工这棵草就往哪里摆。

因此，在企业中，领导者应该充分利用"权威效应"去引导和改变员工的工作态度以及行为，给员工树立一个好榜样，这往往比命令的效果更好。那么，领导者应该如何做才能脱颖而出，成为一个优秀的管理人员呢？应该养成一系列好的习惯。

1.做人是关键

会做事不如会做人。领导者会做人，员工才会喜欢你，才会愿意和你合作。一个招人喜欢的领导者能够真诚地赞美员工，对员工不仅诚实、正直，而且友善、宽容，对员工的工作和生活会表示深切的关心。

2.善于决策

当今社会，市场变幻莫测。一个优秀的领导者会在关键的时刻，做出正确的决策，会对企业的各种方案进行分析、比较，最后做出正确的判断，选择一个最佳方案。换句话说，一个领导者的价值就在于做正确的事情和帮助各个阶层把事情做正确。

3.充满自信

一个人若想事业有成，就必须有坚定的信念，对自己充满信心，否则就难成大事。领导者更应该对自己充满信心，这样才能给下属树立好的榜样。

4.热忱很重要

比起领导者的才能，领导者热忱的重要性更大一些，当然，如果二者兼具，则会天下无敌。正如卡耐基所说："一个人成功的因素有很多种，而热情是这些因素中最重要的，没有它，不论你有多大的能力，都发挥不出来。"

一个领导者即使再有才华，如果缺乏热情，终将一事无成，相反，对于一个对工作充满热情的领导者而言，热情就是工作的催化剂，再枯燥的工作也会变得有趣，再难的工作也会变得简单。

5.要有坚强的意志

如果说有一种素质几乎被所有成功的领导者所拥有的话，那就是坚强的意志。所谓坚强，并不是达到愚蠢地步的顽固，它是一种下决心要获得结果的精神。在管理实践中，作为领导者，你的下属都希望你在面对困难时不屈不挠，而只有你的敌人或者竞争对手希望你放弃这种精神。

总之，榜样的力量是无穷的，当领导者在员工面前各方面都表现得很积极、很优秀时，才能对下属起到一个好的带头作用。

蓝斯登定律：每个人都渴望快乐地工作

在职场中，有很多企业领导者，在管理下属的时候喜欢板起面孔，一副“严父”的表情。他们认为，这样才能显示自己的权威，赢得下属的尊重，从而更加容易管理。其实这是领导者管理工作的一大误区。如今，人们的平等意识都普遍增强了，板起面孔，一副“严父”的表情，不仅不能真正显示自己的权威，而且会让下属感觉在你手下工作有一种压抑感，激发不出自己的工作热情和动力。因此，放下你的尊长意识，去做下属的朋友吧。要知道，不管是你还是下属，每个人都渴望快乐地工作，只有更多的快乐，才能使工作更具效率、更具创意，事业才会更辉煌。

美国H.J.亨氏公司的创办者亨利·海因茨于1844年出生于美国的宾夕法尼亚州，很小他就开始做种菜卖菜的生意。后来，他创办了以自己名字命名的亨氏公司，专营食品业务。由于亨利善于经营，公司创办不久，他就得到了“酱菜大王”的称誉。1900年前后，亨氏公司能够提供的食品种类已经超过了200种，成为了美国颇具知名度的食品企业之一。

亨氏公司经营的最大特点就在于非常注重在公司内营造融洽的工作气氛。当时的环境是管理学泰斗泰勒的科学管理方法盛极一时，各公司都非常信奉泰勒的管理方法，以刚性化的管理处理公司的事务。在这种情况下，员工被认为是“经济人”，他们唯一的工作动力就是物质刺激。业主、管理者与员工的关系是森严的，毫无情感可言。但是，亨利却不认可这种观点。在他看来，比起金钱，快乐的工作环境对员工的工作促进更大。于是，他独树一帜，采取物质和精神相结合并以关爱员工为主的管理方法。他首先从自身做起，率先在公司内部打破了业主与员工的森严关系：他经常走到员工中间去，与他们聊天，了解他们的工作想法、生活困难，并不时地鼓励他们。亨利每到一个地方，那个地方就谈笑风生，其乐融融。他虽然身材矮小，但员工们都很喜欢他，工作起来也特别卖力。

由于员工们总是处在一个快乐的工作环境之中，个个干劲十足，公司效率不断提升。后来，亨氏公司成为美国一家有世界级影响的超级食品公司，它的分公司和食品工厂遍及世界各地，年销售额在60亿美元以上。

亨氏公司之所以能够成功，很大一部分原因在于它的创办人亨利非常重视员工的工作环境，时刻不忘给员工营造一种快乐的工作氛围，让员工在工作中充满快乐。有关调查结果表明，企业内部生产率最高的群体，不是薪金丰厚的员工，而是工作心情舒畅的员工。因为快乐的员工，会主动积极地投入工作，从而发挥他们真正的潜力；快乐的员工，会把他们的快乐带给客户，能够保持一个良好的企业形象，扩大销售利润；快乐的企业，能够使快乐成为一种文化，真正地留住有才能的人，产生很强的企业凝聚力。

那么，如何让员工快乐工作呢?

1.收起你“严父”般的表情

跟一位朋友一起工作，远较在“父亲”之下工作有趣得多。你给员工快乐的工作环境，员工给你高效的工作回报。让你的员工快乐起来！因此，收起一副“严父”的表情，愉快地和员工相处、工作。把员工当成朋友，在工作之余如午间休息、晚上下班之后，多进行平等的沟通，清晰界定工作和私人交往，让每个人都保持快乐的心情。

2.创造快乐的工作环境

只有在快乐的工作环境里工作，员工才能始终保持良好的心情。因此，领导者应该为下属设计具有人性关怀的工作流程，使下属感受到企业对他们的关怀。不仅如此，领导者还应该设计一些良好的娱乐活动，使下属在快乐中获得企业认同感，学到更多的知识，改善同事之间的关系。

波特定律：用宽容的心去包容员工

波特定律运用到管理学中，主要是指：当下属遭受许多批评时，往往只记住开头的一些，后面的根本就听不进去，原因在于他们忙于思索论据来反驳开头的批评。波特定律意在提醒领导者不要一味地盯着下属的失误，这是管理工作的大忌。领导者应该意识到，在日常工作中，不管是领导者还是下属，都不可避免地会犯错误，下属犯错误的时候，领导者一味地指责批评不仅起不到教育下属的作用，而且会让下属产生抵触心理，甚至造成上下级关系紧张、工作难以开展、因错误而造成的损失难以挽救的后果。

所以，在管理事务中，领导者要学会包容下属的缺点和错误。当然，包容并不是说让你去做“好好先生”，而是需要你设身处地地为下属着想。即使批评下属也不忘肯定对方的功绩，以此来激励其进取心，从而有效地避免伤害对方的自尊心和自信心。一个懂得如何顾全下属面子的领导者不仅会让批评产生预期的效果，而且还能得到下属的大力拥戴。

曾经有一位话剧演员，收了几个徒弟。在一次上台表演前，他的一位徒弟看见他的鞋带松了，于是跑过去提醒他。这位话剧演员听到徒弟的提醒后，蹲下来把鞋带系好，等徒弟转身离开后，他又蹲下来把鞋带松开了。当时旁边正好有一位后台记者，他看到这个场景后，非常不解，问那位话剧演员：“您为什么又把鞋带松开了？”话剧演员回答说：“因为我要饰演的是一位非常劳累的旅者，由于长途跋涉把鞋带松开了，这个细节正是要表现他的劳累憔悴。”听完，记者更是不解，继续问：“那你为什么不直接告诉你的徒弟呢？难道他不知道什么是表演的真谛吗？”话剧演员微笑着说：“他是我刚收的徒弟，能够细心地发现我的鞋带松了，并且热心地告诉我，作为他的老师，我应该保护他这种热情的积极性，及时地鼓励他，至于为什么不当场告诉他，我想以后教育他的机会会更多，可以下一次再说啊！”

当徒弟没有看出自己的用心时，这位话剧演员并没有因此而去责备他，而是向他表示感谢。这样做既不会打消徒弟日后细心面对生活的热情，也为日后对其进行指导埋下了良好的伏笔。在公司里，可能很多新员工都会遇到跟这位徒弟类似的事情。由于不懂规矩，或者工作经验少，经常会提一些错误的建议，做一些不正确的事情。作为公司的领导，即使你知道对方有错，但最好不要直接说出来，而是应该包容下属，对他的建议谦虚地接受，并表示感谢，等以后再寻找机会婉转地告诉他真相。否则，如果你说话的态度和方法让对方生气，对方就会对你产生抵触心理，拒绝接受你所说的事实，如果是新员工，还会挫伤他的积极性，以后即使有好的意见也不敢再提了，没有了创新和胆量，何谈发展呢？

那么，领导者如何做才能显示出你的宽容呢？

1.对下属的错误要进行具体分析

作为领导者，在处理下属错误的时候，一定要弄清下属为什么犯错误；搞清楚对方犯错误的历史环境和主客观原因；弄明白下属犯错误是有心还是无意；性质是否恶劣，对公司和周围的影响有多大；是第一次犯这种错误还是犯了好多次等因素。只有对下属的错误进行具体分析，找到问题的根源，才能够“对症下药”，在实践中予以改正。

2.对犯错误的下属要包容

一个优秀的领导者在面对下属犯错的时候，是不会选择一味地责怪对方的。他们会以一颗包容的心面对下属的错误，

变责怪为激励，变惩罚为鼓舞。这样做不仅不会让下属反感，还会让下属在接受惩罚的时候怀着一份感激之情，进而达到激励对方的目的。没有谁不需要鼓励，对于下属而言，有鼓励才能产生动力。批评下属的同时给予对方适当的肯定，做到这一点，就不难成为一名出色的领导者。

西门子公司对员工的错误就很包容。西门子（中国）有限公司人力资源总监说，我们允许下属犯错误，如果那个人在几次犯错误之后变得“茁壮”了，那对公司是很有价值的。犯了错误就能在个人发展的道路上不再犯相同的错误。在西门子有这样一句口号：员工是自己的企业家。这种氛围使西门子的员工有充分施展才华的机会，只要是有创造性的活动，即使出现失误，公司也不会怪罪。

3.尽量避开公开批评

当下属犯错误时，本身就有一种自卑感和压抑感，如果这个时候再失去周围人的尊重和信任，就很容易产生冷落感和孤独感，从而影响到工作和生活。因此，只要下属所犯的错误影响不是特别恶劣，就应该给予对方尊重，最起码做到避免公开批评。发现他们出现问题时，不妨用谈心的方法解决，使他们感受到领导是在关心他，重视他，而不是在批评他。当他感受到组织的温暖的时候，就会死心塌地地为组织做贡献。

第2章

由表及里，领导要透过现象分析其本质

虽然说“人不可貌相，海水不可斗量”，但是每个人的内心世界都会通过自己的服装、个人习惯、坐立行的姿势以及吃相等体现出来。因此，领导者应该通过心理学的方法来探讨种种表面现象，从而透过现象分析其本质，了解对方无意识的心底所隐藏的事实，从而让管理更加轻松，管理效果更加明显。

不被“光环效应”所蒙蔽，看人要全方位

光环效应是美国心理学家凯利提出来的。它是一种影响人际知觉的因素。具体来说，就是指由于对某个人的某种品质或特点有清晰的认识和知觉，印象深刻、突出，从而爱屋及乌，掩盖了对这个人的其他品质或特点的认识。这种强烈知觉的品质和特点，就像月晕形式的光环一样，向周围弥漫和扩散，所以人们形象地称这一心理效应为“光环效应”。

有报道称，大明星玛丽莲·梦露死后，有一位叫艾尔克斯的收藏家买到了梦露的一只鞋子，他把梦露穿过的这只鞋子拿到市场上展示，如果参观者想闻一下，须出100美元，尽管如此，出钱去闻的人仍旧络绎不绝，排起了长队。梦露的鞋子为什么会有这么大的魅力呢？究其原因，主要是因为梦露头顶上耀眼的“光环”所产生的“光环效应”。

很显然，光环效应其实就是人们对别人的评价有些以偏概全，而这种评价是人们在没有意识到的情况下产生的。因为它的作用，一个人的优点或者缺点会被别人无限放大，而其他的特点则会被人们忽略。甚至只要认为某个人不错，就把一切好的品质都赋予他，认为他所使用过的东西、跟他要好的朋友、他的家人都很不错。光环效应实际上是个人主观推断泛化和扩

张的结果，有一定负面作用。

朱玲毕业于一所专科大学，毕业后凭着关系进入到一家外贸公司做职员。作为新人，学历不高，加之又是凭着关系进来的，所以，朱玲的上司和周围的同事都不看好朱玲，认为她其实就是一个混饭吃的人，所以有什么重要的工作，上司从来不会想到她。

一次，公司里来了一个英国客户洽谈业务，恰巧翻译出差了，经理的英语听力还不错，但是口语很糟糕，没办法和对方沟通。这可把大家急坏了，要知道连沟通都成问题的话，这项业务肯定没戏了。正在这时，平时不太说话、大家也一直不看好的朱玲主动走上前，对经理说："可以让我试试吗？"经理用怀疑的眼光看了看朱玲，虽然很不愿意，但是在无计可施的情况下，他还是点了点头。

于是朱玲开始和英国客户交谈。不到一个小时的时间，朱玲就凭着自己一口流利的英语和超强的专业能力征服了客户，英国客户当场就同意签订合同，并对经理提出了一个要求："签订合同后，我希望和贵公司的合作由这位小姐全权负责。"经理毫不犹豫地同意了。

事后，公司几乎所有人都对朱玲刮目相看了，对其投去了赞许和羡慕的目光。经理更是愿意提拔朱玲，有什么重要的工作首先想到的就是她。

人们总是习惯看一些表面的东西，因为它很主观，不用动脑筋。但是仅凭主观臆想为人处事，必然会出现许多失误，就

像这位经理一样，认为凭关系进来且学历又不高的人能力自然不会高，谁曾想，在他的下属里竟藏着这样一块金子。领导者在看人识人的时候，只有打破“光环效应”，才能不被所谓的“光环”所蒙蔽，才能真正地了解一个人。

汉代叱咤风云的大将韩信，早年家贫，又不会做买卖，常常寄食于别人，很多人都嫌弃他。淮阴屠户当众欺负他，使他蒙受“胯下之辱”。他后来投奔项羽，不受重用。汉丞相萧何不计其过往劣迹，慧眼识英才，发现他有卓越的军事指挥才能，于是月下追韩信，向刘邦保举他做大将军，并勉励他施展才华。在漫长的楚汉战争中，韩信充分发挥了他的军事才能，为刘邦立下了大功。

如果刘邦总是用韩信受过胯下之辱的往事来衡量韩信的才能，而不是用发展的眼光来看他，那韩信只能成为别人眼中的武夫、无才之辈，一代人才就会因此而被埋没。

在许多企业中，由于种种偏见，许多领导者总是存在把员工看扁、看错的现象。分析其原因，就在于不能从整体上看员工。下面总结的是一些整体看员工的方法：

1.用发展的眼光看员工

俗话说“士别三日，即当刮目相看”。员工是会变的，不能用静止的观点看员工，而要用发展的眼光去看待。如果领导者总是用老眼光去看一个员工，就会把他看错。不断更新自己的眼光，是知员工、识员工的关键环节。

2.要全面地看员工

所谓“要全面地看员工”，就是要对一个员工的优点和缺点、成绩和错误、长处和短处作全面的考察，不能以偏概全，做出“盲人摸象”的错误行为。

3.要历史地看员工

所谓“历史地看员工”，就是要求领导者既要看到他与其所在团队的共同之处，又要看到这个员工的个性，具体的人要具体看待。

在企业里，很多领导者在认识员工的过程中，经常会以点概面，出现“一俊遮百丑”“情人眼里出西施”的情况。其实这种做法并不能真正认识一个员工。领导者只有从整体来认识员工，才能对员工有一个比较全面、深刻、真实的把握和认识。

通过习惯性动作，看出他人的个性

作为一个企业的领导者，要完完全全地认识一个员工，看他到底能不能委以重任，仅仅凭他说出的话是远远不够的，因为他的话可能是假的也可能是真的，还有可能半真半假。

其实，有“心眼”的领导者在观人、识人、用人上，是不会放过习惯动作的。这样的领导者明白一个员工的习惯动作是在长时间的生活和工作中形成的，而要想认识一个人，就不能不看这个人的习惯动作。一个人的所思所想和性格特征是从他的习惯动作中体现出来的。而一些经验丰富的会识人的领导者，往往从一个员工的一举一动中就能识别人的心理、个性。

下面总结了一些员工的习惯动作，希望能对领导者识人有所帮助：

1.习惯经常摇头的员工

经常“摇头”或“点头”以表示自己对某件事情看法的肯定或否定。这类员工由于在一些社交场合很会表现自己，经常遭到别人的厌恶，引起别人的不愉快。

但是，经常“摇头”或“点头”的员工，他们的自我意识比较强烈，工作积极，看准了一件事就会竭尽全力做好，不达目的誓不罢休。

2.习惯手插裤兜的员工

如果你的下属经常会把手插在裤兜里，并时不时地拿出来，那么，可能说明这个下属的性格比较谨慎，喜欢三思而后行。在工作中，这类员工的缺点一般是缺乏灵活性，喜欢用一些古板的方法解决问题。对于一些突如其来的打击或者失败，他们没有很好的心理承受能力，遇到困难总是习惯垂头丧气，怨天尤人。

3.习惯把双手背在后面的员工

如果你仔细观察，就会发现你的下属中会有这样一种人，当他自然站立的时候，习惯性地把手背在后面，这种类型的员

工一般性情比较急躁，但他们与人交往时，往往会把关系处理得很融洽，之所以会这样，一个主要的原因就在于他们很少对人说“不”。

4.习惯言行不一的员工

打个比方，当你给某人递烟或者其他东西的时候，他嘴里说“不用”“不要”，但手却伸过来了，显得很客气的样子。这类员工一般都很聪明，处世圆滑、老练，不轻易得罪人。

5.习惯触摸头发的员工

这类员工通常个性突出，性格鲜明，爱憎分明，尤其是嫉恶如仇。他们经常做一些冒险的事情，喜欢挤眉弄眼，爱拿别人做调侃对象。

当然，这些人中也有很多缺乏内涵和修养，但大多很会处理人际关系，处事大方并且善于捕捉机会。

6.习惯手部动作的员工

这类员工很有特点，与人谈话时，只要他说话，一定会有一个手部动作，比如相互拍打掌心、摊开双手、摆动手指等等，表示他对说话内容的强调。这种人做事果断、雷厉风行、信心十足，习惯在任何场合都把自己塑造成“领袖”人物，性格大都属于外向型，很有一种男子汉的气概。

7.习惯抖动腿脚者

其实在我们周围有很多这样的人，他们喜欢抖动腿脚，或者用脚尖磕打脚尖，脚掌拍打地面。如果你的某个下属有这样的习惯，说明他喜欢自我欣赏，性格保守，很少替别人考虑。

但是，一旦他的同事或者朋友遇到困难，他总能提出一些意想不到的好方法。

8.习惯用动作打拍子的员工

一种情况是，谈话时，一个人以手指在桌子上叩击出单调的节奏，或者用笔杆敲打桌面，同时脚跟在地板上打拍子，或抖动脚，或用脚尖轻拍，这种节奏并不中途停止，而是不断地“嗒嗒”作响，这些都是在告诉你他已经对你所讲的话感到不耐烦了。另外一种情况是，一个人在看报、读书或看电视，尤其是看球赛之类的节目时，突然拍案击节，表示他对故事情节或运动员的某个动作表示赞赏。

这种员工往往性格乐观，对烦恼不会挂在心上。

9.习惯双手叉腰的员工

这类员工通常希望在最短的时间内达到自己的目标。他们往往是不飞则已，一飞冲天；不鸣则已，一鸣惊人。

总之，对于企业的领导者而言，要想看穿员工的个性，就要细心留意他们的一举一动。在相互交流的过程中，对方的一些习惯性动作往往会真实地体现出他的个性。因此，这就要求领导者在与人沟通的过程中，除了会听以外，还要会看，会观察。

服饰特点往往展现下属的性格特点

在企业中，作为一个领导者，如果你对你的员工不够了解，如果你想不通过别人而以最快的速度了解对方，就应该从仔细观察他的服饰着手。虽然仅仅通过外表是无法识别其本质的，但是从一个员工的衣着打扮、服饰特点基本可以判断一个员工的性格特点。正如大文豪郭沫若曾经说过：“衣服是文化的表征，衣服是思想的形象。”

张玄是一名大专毕业生。一天，他去一家非常知名的公司去面试，面试总共分为三轮，第一轮是笔试，第二轮是公司人事部的领导面试，第三轮则是直接由公司的老总来面试他们。

虽然应聘的人非常多，但是因为这个岗位只需要一个人，所以第一轮笔试结束后，只剩下了张玄，还有一位本科毕业生和一个外国留学生。

第二轮面试开始了。他和其他两位应聘者一起坐在了一个不管是衣服还是裤子，甚至手表都是名牌的面试官面前。面试官严肃地对他们说：“你们能够到这一轮，已经很幸运了，不过这一轮结束后将会淘汰你们中的一个，希望你们能够认真对待。”三个人都点了点头，然后面试官说：“这轮面试只有一个问题，那就是你们分别谈论一下对我们公司的了解程度，以及对公司有什么建议或者意见。”

第一个发言的是留学生，因为国外的环境比较开放，所以，他丝毫没有紧张感，洋洋洒洒地说了很多话，而且给公司提意见的时候，也是毫不保留。第二个发言的是那位本科毕业生，因为比较紧张，所以他说话的时候，非常谨慎，也非常礼貌，从头到尾基本都在夸这个公司如何如何好，自己多么渴望来到这个公司。第三个轮到张玄发言，由于自己平时比较喜欢服装，所以，通过对方的服饰，张玄判断这位领导一定是比较喜欢听别人奉承的人。所以，他和那位本科生一样说话很礼貌，他对面试官说："尊敬的领导，您好！我在上大学的时候，就特别关注贵公司，因为很多人都告诉过我，说贵公司是一个很有前途的公司，更重要的是，贵公司的领导个个都非常有能力，而且和蔼、亲切……"张玄对这个公司和公司的领导大加赞赏了一番后，就结束了发言。就这样，张玄和那位本科生顺利地通过了第二轮面试，而留学生因为"太过嚣张"而被淘汰了。

到了第三轮面试，他和本科生一起来到了一个穿着T恤、牛仔裤和运动鞋的老总面前，老总问了他们同样的问题。本科生按照上次的话，原封不动地给老总说了一遍，老总听后象征性地点了点头，轮到张玄，张玄这次没有和上次一样毕恭毕敬，而是一反常态，用非常放松和自信的语言对公司大加赞赏一番后，真诚地向老总提出了一些自己对公司的看法和意见。老总听后，大笑着说："小伙子，好样的。明天就来上班吧。"

那位本科生被淘汰后，非常不解，问张玄："为什么对同一个公司，你两次说的话不一样，却被留了下来。"张玄笑了笑说："其实很简单，因为这两个领导的性格是不一样的，所

以必须要说到他们的心里去。”本科生更加不解：“都是第一次见面，你怎么知道他们的性格是什么样的？”张玄回答说：“从他们的穿着看出来的。”

由上面的案例不难看出，一个人的服饰特点确实能够反映一个人的性格特点。

同样的道理，衣服或服饰的特点也是员工内在性情的一种外在表现形式，是一个下属内心与性格的“化身”，一个下属经过自己选择而穿着的衣服，在一次程度上能展示他的内在品位。因此，企业领导者要想了解你的员工是什么样的人，要想更好地和他们沟通，可以通过员工的穿着来来增加了解。

1.喜欢穿名牌服饰的员工

这种人有很强的虚荣心，并且自我显示欲望和金钱欲都很强。他们大多冷酷无情，几乎没有人情味，当他们在利害关系上处于不利的地位时，会立刻寻找外援，而一旦失手，就会诿过于人，因此，对于这类员工要有警惕性。

2. 对流行毫不在乎的员工

对于所谓的“流行”毫不在乎的员工，个性大都很坚强，处事中庸，情绪稳定，一般不会做出有悖常理的事情。他们多半较理性，不会过于顺从欲望，也不会随波逐流。

3.喜欢朴素服装的员工

这种类型的员工向来都是非常小心，做任何事情都很有计划性，为人很诚实，一般不欺骗人。不过，他们对别人的批评却非常在意，很难接受别人对他们的建议。

4.经常更改服饰风格的员工

这种人以女性居多。他们的情绪大都不稳定，希望脱离单调的工作，去过富于变化的生活，有逃避现实的思想。

5.穿着马虎的员工

这种穿着不得要领，疏于考究的人缺乏机密性与逻辑性，但是很有实力，他们工作认真负责，对人也热情，但是有一个很大的缺点——好面子，不喜欢别人指出自己的缺点，一旦面子上你和他过不去，他很有可能会伺机报复你。

通过色彩判断他人

人的性格与色彩之间有着奇妙的联系，不同的色彩反映出不同的性格特征。因此，领导者可以在日常管理中多多留意一下下属们喜欢的颜色，有助于帮助自己了解下属。

1.喜欢红色的下属

红色是比较受欢迎的一种颜色，不分男女。一般而言，性格外向的人大多喜欢红色。如果你的下属喜欢红色，那么说明这个人比较活泼，是精力旺盛的行动派。这类下属大多热情、健谈、有正义感，而且是一个很好的鼓动者，可以用自己的情绪感染周围的同事和朋友。但是，他们的缺点也很明显，他们大多性情急躁，稍有不顺就会火冒三丈，在做事情之前不喜欢深入思考，不过，他们因为天性乐观，往往在暴风骤雨后又喜

笑颜开。

2.喜欢蓝色的下属

喜欢蓝色的下属，一般都比较宁静、镇静自若。这类人有很强的团队协作能力，能够和同事、朋友甚至对手很好地相处，他们讲究礼貌，而且谦虚谨慎。他们在行动之前总会制订周密的计划，绝不会做出冲动的事情。当然，这并不是说，他们没有一点血性，即使大海也有发怒的时候，在受到伤害的时候，他们会采取非常有力的手段还击对手，让对手自叹不如，深深折服。

喜欢蓝色的下属也有缺点，他们比较固执己见。在自己那个不太大的交际圈里，他虽然可以和朋友以诚相待，但如果谈论个人见解的时候，容易和朋友发生争执，对于不同的意见，即使事实证明他是错的，他也会口服心不服。不仅如此，这类性格的人喜欢和平，不好斗，致使他们有时显得懦弱。对于弱小的对手或者后辈，他们会比较谦虚，而对于比自己强大的对手或者上司，他们会压抑自己，委曲求全，不说出自己的真实想法。

3.喜欢紫色的下属

这类下属大多比较多愁善感，焦虑不安。不过他们也很有艺术家的品位和气质。他们一般比较聪明，感情丰富，总在努力做得更好，不论是在信仰、情感还是精神方面。为了能够成就理想中的自我，他们会在自己或别人的生活中寻找答案。因为追求完美而对自己非常苛刻，总是和自己作着艰苦的斗争。

但是，他们又往往觉得自己很平凡，处世低调，不喜欢在公众场合显露个性，这使得他们在社交场合比较低调，容易失去一些和“贵人”相遇的机会。

4.喜欢绿色的下属

喜欢绿色的下属是和平主义者，他们和周围的人能够和睦相处，但是警惕性很高。他们的社交能力很强，能够与人和谐相处，但是内心却不愿意相信任何人。在工作中，他们追求上进，充满信心，但是却不喜欢在团队中当领头羊，往往容易被领导忽视。

不过，这类下属一般都有自己的一技之长，这使他们成为周围很多人崇拜的对象，所以他们人缘很好。他们会平等对待周围每一个人，不会厚此薄彼，但这样又给人一种八面玲珑的感觉。

5.喜欢粉色的下属

一般而言，喜欢粉色的人大多在富裕的环境中长大，他们家庭环境优越，性格较温柔，气质比较高贵典雅，还会照顾他人。

不过，他们大多有强烈逃避现实的倾向，常常喜欢躲在自己的小天地里，依赖性比较强，做事缺乏自信。

6.喜欢黄色的下属

喜欢黄色的下属是绝对的“挑战者”。他们比较理性，有很强的上进心，喜欢新事物，好奇心强，喜欢钻研。他们做事潇洒、说话无所畏惧，不为别人考虑什么，他们不会轻易改变

自己的想法，更不会轻言放弃，是值得信赖的下属。

在企业里，比起自己的问题，他们更关心企业的问题，喜欢追求崇高的理想，尤其比较热衷企业的一些公共活动。和朋友在一起，他们更喜欢谈论一些国家大事，而很少谈及个人薪水。他们在社交场合是活跃分子，但这种活跃的背后，有可能掩藏着很深的孤独。

7.喜欢灰色的下属

如果你的下属喜欢灰色，说明他做事比较干练，有良好的教养，而且知识丰富。他们总是替别人着想，喜欢支持别人。灰色是阴霾的颜色，喜欢灰色的人会把自己的感情和情绪用雾一样的薄纱掩盖起来，让你看不透他的真实心态。年轻人中喜欢灰色的较少，由此可见，灰色更适合成熟稳重的人。

8.喜欢黑色的下属

从心理学上来看，黑色代表的是严肃、刚毅、冷漠。一个喜欢黑色的下属，往往给人的感觉是充满神秘感和稳重感。这类下属做事干练、执著、认真，不喜欢拖拖拉拉，浪费时间。他们喜欢成功的感觉，但又不愿意表现出来。这类人做事容易成功，但由于防御心理太重，朋友不会很多。

9.喜欢棕色的下属

这类下属一般性格比较耿直、拘谨。他们大多有才艺，凭借自己的本领就可丰衣足食。

不过，在社交圈里，他们表现得比较拘谨，自我价值观强烈，不愿意因为别人而改变自己，但照样可以和周围人和睦相

处，因此能给人很大的信赖感。在结交朋友时，他们把人与人之间的利害关系分得很清楚，容易给人一种冷漠的感觉。

10.喜欢橙色的下属

喜欢橙色的下属，竞争心强，从不认输，喜怒哀乐表现得很激烈。在工作中，他们支配别人的欲望很强烈，而且一旦决定了的事情就一定会坚持到底。喜欢橙色的人活动力强，而且精力充沛，但他们本人并不觉得自己好动。

另外，喜欢橙色的下属与人相处不拘束，比较开朗，但也有个别人不善于交际。他们注意力集中，做事情效率高，对设计和色彩比较敏感。喜欢橙色的下属还很健谈，在众人面前讲话时，他们会尽自己的所能让场面热闹，为此不惜勉强自己。

坐立行的姿势透露着潜意识

坐和立是人的两种静态行为。坐的姿势是否优雅显示出一个人的修养，站立的姿势是否挺拔体现出一个人的精神。站有站相，坐有坐姿，通过一个人的站相和坐姿可以辨识人的深层心理和性格。因此，领导者在交往中要想了解下属的心理或潜意识，看他的坐姿和站相也是一个捷径。

下属的坐姿，既能反映他平时的性格特征，还能反映他当时的心理。

1.正襟危坐

采用这种坐姿的下属在坐着的时候，目不斜视，表现得非常专注。这种人潜意识里力求完美，做事非常严谨，比较注重实际。

他们做事十分有把握，不喜欢冒险。不过他们在处理事情上缺乏灵活性，尤其是在工作中创新度比较低。

2.侧身坐在椅子上

采用这种坐姿的下属潜意识里往往不太在乎别人的想法，只要自己舒服就行。因此，他们会在不经意间把自己的情感表现出来，不过他们的随意也正显示出了他们的不拘小节。

3.敞开手脚而坐

采用这种坐姿的下属拥有指挥和支配别人的天赋。他们性格外向，偏主观。他们不拘小节，但由于过于自信往往会让别人觉得有些不知天高地厚。

如果是女性采用这样的坐姿，则表示她们还不够成熟，潜意识里有些天真并对未来怀有向往和憧憬。

不过，他们在交往中比较谦逊，属于习惯服从的人。

4.脚踝交叉

采用此坐姿的下属在坐的时候总喜欢脚踝交叉。不过，采用这种坐姿的大部分是女士，她们的双手会自然放在膝盖上，或者一只手压在另一只手上。如果是男士，他们通常会用双手紧紧抓住椅子的扶手。

大量的研究证明，采用这种坐姿的，无论是男人还是女人，一般都在努力地控制自己，比如控制自身的感情、紧张的情绪或恐惧的心理，这是一种警惕或者防范的姿势。

同样，每个人也有自己习惯的站立姿态。美国的一位心理学家指出，不同的站立姿势，往往可以显示一个人的性格特征和心理特点。

1.站立时，双手插入裤袋

这类人在站立的时候，习惯性地将双手插入裤袋。采取这种站姿的下属，往往比较内向，并且十分保守。他们城府很深，不会轻易表露出自己的真情实感。他们在做事的时候习惯步步为营，十分谨慎，警惕性非常高，不会轻易地相信领导和同事。

2.站立时，把双手叠放在胸前

采取这种站姿的下属潜意识里有着不屈不挠的精神，无论遇到多么大的压力和困境，他们都不会轻易低头，性格十分坚强而又倔强。但是，他们过于看重个人利益，总是害怕与别人接近会影响自己。往往摆出一副拒人于千里之外的样子。

3.站立时，总喜欢不断地改变站立姿态

这种下属在站立时，不能静止，他们会不断地改变站立的姿态。这种下属潜意识里是个不能安于平静的人，他们往往比较冲动急躁，甚至有些暴烈，经常让身心处于一种紧张的状态。

不过，他们思想观念改变会很快，喜欢接受一些挑战。他们喜欢执行，不喜欢静坐或者静立，是典型的行动者。

4.站立时，双手叉腰

这种下属在站立时往往习惯性地双手叉腰。这种动作属于开放型的，也表明他们在精神和自信心上有着强大的优势。

了解了站姿和坐相，下面再来看看一个人走路的姿势。每个人的生活习惯不同，走路的姿势也不尽相同。比如，有的人走路步伐急促，有的人走路身体前倾，甚至有的人走路有着军事步伐等。作为一个领导者，如果你想了解下属，可以从走路姿势中识破下属的内心，相信会有不一样的收获。

1.走路时，步伐急促

走路时，步伐非常急促，这样的人大多属于典型的行动主义者。

他们大多精明能干，无论是生活中还是工作中，都有着充沛的精力，并且对现实中的各种挑战都会勇敢地面对。另外，他们的适应能力非常强，尤其是对新环境的适应。

2.走路时，步伐平缓

走路时，步伐十分平缓，这样的下属从来不在乎别人说什么，哪怕别人已经火烧眉毛了，他们仍旧一副慢吞吞的样子。但是，他们做起事来很讲究效率，讲求稳重踏实。他们在处理事情时，总会三思而后行，不会好高骛远。

3.走路时，昂首挺胸

走路时，抬头挺胸，大踏步向前，这样的下属潜意识里往往以自我为中心，淡于人际交往，不轻易向别人求助，哪怕遇到自己不能解决的事情也不会求助别人。不过他们思维敏捷，做事条理性强，考虑问题比较周全。

这种类型的下属最大的弱点是羞怯和缺乏坚强的毅力。

4.走路时，身体前倾

走路时，身体有些向前倾，这样的下属一般性情都比较温和，为人处世比较和善，懂得善待别人。他们为人比较谦虚，有着良好的自我修养。

吃相暴露出对方最真的秉性

从吃相中也可以流露出人的本性来。古人早有“食不言”的训诫，可见，吃相在很早以前就已经引起了人们的注意。所以，只要领导者们仔细观察，每个下属的吃相都是不尽相同的。而不同的吃相不仅代表着不同的个性，从吃相中，领导者也可以看出下属的内心世界。下面一则故事里的店家就告诉了我们，吃相能够透露出人的本性。

在很久以前，有一个人去饭馆吃饭，吃完后准备结账时，一摸口袋空空如也，突然想起来自己出门时忘带钱袋了，于是便对店老板说：“真是不好意思，今日忘带钱袋，改日一定送来。”店老板客气地说：“没关系，没关系……”并恭敬地把此人送出了店门。这一幕刚好被旁边一个游手好闲的人看见了。

第二天，这个游手好闲的人同样进了饭馆，点了酒菜，猛

吃了一顿后，学着昨天那人的样子摸了摸自己的口袋，对店家说："不好意思，今日出门慌忙，忘了带钱，改日送来。"谁知话音刚落，店家一瞪眼，死活不让他走人。

游手好闲之人非常生气，质问店老板："别人赊账就可以，为什么我就不行？"

店老板说："别人吃菜，筷子在桌边放整齐；喝酒，一酒盅一酒盅地喝，斯斯文文。吃完饭后用丝绢擦嘴。一看就是有德行的人，怎么可能赖我酒钱？而你呢，吃菜的时候筷子在胸前找齐，狼吞虎咽。不仅如此，还把一只脚踩在凳子上，拿起酒壶，伸长了脖子直往嘴里灌。吃完饭用衣袖擦嘴。一看这举止，就知道是居无定所、食无完餐之人……"

听完这席话，这个游手好闲之人哑口无言，只好把外衣脱下来作为抵押，狼狈而去……

可见，不同的人在吃东西时所表现出来的神情和姿态，在不同程度上反映了其个性特点和心理状况。换句话说就是，一个人的吃相，能够反映出一个人的内在性情。

明朝著名思想家李贽曾经说过这样的话："穿衣吃饭，即是人伦物理；除却穿衣吃饭，无论无矣。"因此，一个领导者如果细心观察下属的吃相，便能从中看出他们的几分性格。

1.吃东西狼吞虎咽的下属

吃东西狼吞虎咽的下属，情绪往往处于高度集中的状态，精神压力较大。这种人只要手里还有没做完的事情，就会心绪不宁，属于心中不能藏事之人。

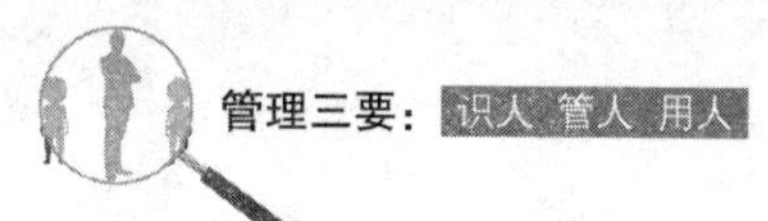

这类下属为人处世雷厉风行，思维敏捷，常常给人精明能干的印象，但其性格暴躁，容易引发纠纷，难以营造和谐的人际关系。不过，这类下属往往办事果断，精力旺盛有拼劲，具有很强的进取精神。

2.吃东西细嚼慢咽的下属

吃东西细嚼慢咽的下属，大多心思细腻，能够仔细品味生活。这种人在吃东西时，会把食物当做艺术品来欣赏，在不慌不忙中细细品尝。这样的人注重吃的过程，而不在于速度快慢与否。

这种吃饭习惯使得这种下属在生活态度上也极其认真和细致，在待人方面也很善解人意，个性温和，能够见微知著，可以用敏感的心和敏锐的直觉去洞察和判断对方的内心，是个贴心的知己。

3.吃东西如牛之反刍的下属

这种吃相的下属大都性格缓慢而且沉稳，一副天塌下来仍面不改色的样子。

另外，这种下属通常不拘小节，对他人的过错也不会在意，凡事总喜欢抱着大事化小、小事化了的心态。

4.喜欢把食物分成很多小块，然后一块一块地吃的下属

如果你的下属经常这样吃东西，说明他比较保守，为人处世比较谨慎、小心，不会轻易得罪人，往往充当老好人的角色，保持中立。

但是，他们往往缺乏冒险精神，所以，在事业上不会取

得特别大的成就。不过，他们很多时候比较机智、圆滑，有自己的主见，不会轻易被别人的意见所动摇，但表面上不会有所显现。

5.很有顺序地吃的下属

这类下属吃食物时，喜欢把所有的程序都安排好，然后坐下来慢慢享用。这类人的思想一般比较缜密，他们愿意花很长时间去考虑一件事情，把前后左右可能出现的情况都一一考虑在内，在思考出适当的应对方法之后再行动。他们习惯“三思而后行”，往往害怕意外情况的发生，因为一旦发生意外或者突发事件，就会措手不及。

6.吃几口就放下碗筷的下属

如果你发现你的下属饭量很小，吃几口就把碗筷放下，则说明这个下属比较传统。他们做任何事情都非常小心和谨慎，总是细心地维护自己和他人的关系。为了避免风险，他们做事喜欢墨守成规。总而言之，这类人的优点是做事稳妥，缺点是冲劲不足，不善于创新。

小小细节透露下属的心思

海尔集团总裁张瑞敏先生曾经说过这样的话：“什么是不简单？把每一件事情做好就是不简单；什么是不平凡？把每一件平凡的事情做好就是不平凡。”一个人的价值不是以数

量而是以他的深度来衡量的，成功者的共同特点，就是能做小事情，能够抓住生活中一些细节。正所谓“成也细节，败也细节”。

法国银行大王恰科在年轻的时候非常不顺，很长一段时间他都没有找到工作，连续被51家公司拒绝。

一天，恰科开始了第52次寻找工作。他去了法国一家银行求职。接待他的是银行的董事长，通过交谈，董事长觉得恰科没有相关的工作经验，而且公司暂时不需要人手，就把他打发走了。无奈的恰科只能扭头走人，在刚走出办公室门口的时候，失魂落魄的恰科无意中看见地面上有一枚大头针，他就习惯性地把它捡了起来，以防它伤害到人。而就是这样一个不经意的动作却改变了他的命运。

他的这一举动被银行董事长看见了，这位董事长心想：这是一个精细小心、考虑周全的人，正适合银行的工作。于是董事长改变主意决定聘用恰科。第二天，恰科就收到了录用通知书。

事实证明，董事长没有看错人。恰科在这家银行里每一样工作都做得很出色。他不仅心思缜密，而且勤奋刻苦，很快他就在法国银行界崛起，成为了有名气的“银行大王”。

一位哲人曾经说过：“在大的事情中，人们表现出的是他们所希望表现的；在琐碎的小事上，他们才表现出他们自己。”所谓“知人知面不知心”，不要说面对陌生人，就是周围比较熟悉的人也可能有不为人知的一面。因此，在日常工作

中，只要你仔细观察，往往能够从一件小事或者一个细节中，判断出下属的素质高低。

张诚在一家公司做采购。一天，张诚发现公司采购的一批圆珠笔非常精美，于是就给自己的女儿带回去几支，过了几天，女儿说圆珠笔很好用，还想要几支，张诚心想反正圆珠笔也不值几个钱，就又准备给女儿带一些回去。这一次他的行为被领导看见了。领导问他拿那些笔做什么，张诚想着拿几支笔领导应该不会说什么的，于是就对领导说："我女儿特别喜欢咱公司的这种圆珠笔，于是想给她带几支回去。"

没想到一向宽宏大量的领导这一次却非常严厉，他对张诚说："你知道你这属于什么行为吗？是偷盗！"张诚辩解说："就几支圆珠笔，大不了我赔钱就是了。"领导听到张诚的回答更加生气，他说："圆珠笔确实不值几个钱，但是作为公司的职员，尤其是采购员，你应该有最基本的职业道德，如果你意识不到自己行为的错误，将来可能会犯更大的错误。你也不需要在这里给我解释什么了，虽然你的能力很优秀，但是一个没有职业操守的员工是成不了大事的。明天下班之前，请把你的辞呈交给我。"说完，这位领导离开了。

在企业里，一个微不足道的细节，往往能反映一个下属的文明程度和道德水准，任何细小的行为都是道德大厦的奠基石，也是领导者识别人才的重要参考。

因此，作为一名领导者，在日常工作中不要只是根据对方所做的一些大事情来判断对方，或者通过对方的言语来了解对方，不妨多多注意下属在生活或者工作中的一些细节，通过细节来发现他们的内心世界，了解他们的真实能力和性格。

第3章

言表心声，通过言谈表情了解下属心理

说话是人类最主要的沟通方式，人们在大多数情况下，都是通过语言来表达自己的内心感受。作为领导者，如果你想全面、系统、深入、细致地观察和了解你的下属，就不能仅仅满足于第一印象，而要通过日常相处来体察他在“只言片语”下隐藏的真性情，通过对他说话的话语、风格、语速、语态，以及相应的动作等方面的观察，来看透他的真实内心。

通过说话方式了解员工的内心世界

无论在生活中还是在工作中，每一个人内心深处的情感以及对外界一些事物的看法、意见以及认识，都是通过说话的方式表达出来的。所以，从一个人说话的方式也可以观察出一个人的性格，乃至了解对方的心理。

也就是说，每个人都会在某一时刻把内心的秘密透露给别人，而这个时刻就是他说话的时候，因此，留意别人说话的方式，就是了解一个人内心世界的开始。

下面总结了一些不同的说话方式，以及这些说话方式所反映出来的人的性格和心理，领导者可以据此来了解一个员工有什么样的性格和心理动向。

1.比较健谈的员工

比较健谈的员工善于跟他人讲大道理，显示自己的聪明。这种人往往能说会道，思维比较敏捷，反应速度非常快，随机应变能力也很强。

另外，这一类型的员工比较圆滑世故，处理各种问题相当老练，他们在绝大多数时候会很招他人喜欢，很多人乐意与这种人交朋友，所以他们的人际关系会很不错。

2.喜欢争论和辩论的员工

在与人谈话中，喜欢争论和辩论的员工往往好胜心特别强。

不过，这种类型的员工大多属于开放型的，他们有摒弃旧观念和旧思想的勇气和胆量，对新事物和新信息的接受能力都比较强，有竞争和攻击性心理。由于自己的自大甚至自负，往往在不经意间成为别人眼中的“自大狂”。

3.不喜欢争论和辩论的员工

这种类型的员工与第二种类型的员工恰好相反。相对而言，他们比较保守、封闭。接受新鲜事物和新观点的速度比较慢，没有很强的竞争性和攻击性。

但是，这类员工性情比较温和，喜欢平平淡淡的生活和工作，不太热衷于追求名利。因此，他们的人际关系往往很好。

4.喜欢给别人纠正错误的员工

喜欢时不时地纠正别人错误的员工，大多属于自信的员工。这类人做事比较主动，性格很直率，往往容易忽略别人的感受，不知不觉中容易得罪他人。在谈话中他们经常会打断别人而变成自我发挥，这样难免会伤害到他人，所以，这类员工的人际关系从某种程度上来说并不是很好。

5.不喜欢给别人纠错的员工

这类员工在别人说话的时候，很少打断对方，即使发现对方有错误，也会等到谈话结束之后才会指出来。这类员工能够站在他人的立场上考虑问题，并能给予他人足够的尊重，所以很容易获得别人的认可和好感。

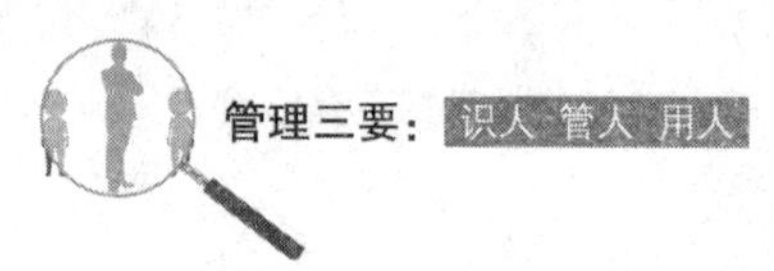

6.谈话时善于倾听的员工

在谈话的时候，自己讲话少，倾听别人讲话多，这种员工大多是个富有自己独特的思想、缜密的思维而又谦虚有礼、性情温和的人。

具有这种说话方式的员工起初可能不太引起他人的注意，但通过一段时间的交往，一定会得到他人的尊重和信赖，他们虚心好学，善于思考，是值得人信任的。

7.说话时夹带奇思妙语的员工

这种类型的员工说话时夹带奇思妙语是其一大特点，有的时候甚至会在谈话中运用妙语反诘，每当形势对自己不利的时候，他们就会抓住各种机会反击。更难得的是，这种人不仅会说，而且也会听。

他们大多都比较聪明和智慧，具有一定的幽默感，比较风趣，而且随机应变的能力很强，常常会给他人带来欢声笑语，很招他人的喜欢。

8.说话幽默的员工

这种说话非常幽默的员工，一般感觉比较灵敏，心胸比较宽广，他们做事灵活，不因循守旧。他们性格活泼，思想圆滑灵通，周围的朋友都喜欢和他们交往，愿意交他们这样的朋友。

另外，这种说话幽默的员工，经常会在谈话中说一些滑稽搞笑的话来活跃气氛，待人大多比较亲切和热情，而且富有同情心，能够顾及他人的感受。他们很善于自嘲，认为自嘲是谈话的最高境界，多有比较豁达乐观、超脱调侃的心态和胸怀。

9.不爱讲话的员工

这种类型的员工常常处于被动的地位，在一些场合总喜欢待在角落里独处，一般来说，他们的性格比较内向，同时较缺乏自信。

当然，这种类型的员工也有的比较沉着和老练，希望从别人的谈话中听取好的意见，为自己所用，以便完善自己。

10.谈话中能以充分的论据说服对方的员工

这种说话方式的员工，大多是非常优秀的外交型人才。他们通过自己独特的洞察力，往往能够对他人有非常清楚的了解，然后调整自己谈话的策略，使自己占据主动地位，使对方在不知不觉间完全顺从了自己的思路。

音色特点反映对方的心理

所谓“音色”，是指人的声音具有浓厚的感情色彩，一个人可以通过声音向别人传达自己内心复杂的情感。换句话说就是，音色特点也可以反映人的心理，因此，领导者也可以通过观察一个人的音色特点，从而看出这个人的性格，了解他的心理。

下面是一些总结出来的由说话者的音色、语气和声调等来观察一个下属性格的规律，只要领导者掌握了这些基本的规律，就不怕掌握不了下属的心理动向。

1.说话音色轻细的下属

说话音色轻细，让人听起来感觉既轻松自然又和蔼亲切，这样的下属在公司里与人打交道时大多比较小心谨慎。他们具有一定的文化修养，措辞非常文雅而又显得谦恭。他们对待领导或者同事通常相当尊重。

如果这个下属是男性，那么，此人一般待人忠实厚道，胸襟比较开阔，有一定的宽容力和忍耐力，能够听取他人的意见和建议为己所用，但同时又不失自己独到的见解。所以领导者对其应该尽量宽容和忍耐，对对方提出的合理性意见更应该给予采纳。

而如果这个下属是女性，那么，此人一般比较温柔，善良，善解人意，但有时候也过于多愁善感，甚至软弱。因此，面对这样的下属，领导者应该给予宽容与忍耐，同时多多给予对方鼓励，尽量改善对方软弱的性格。

2.说话音色凝重深沉的下属

具体来说，音色凝重深沉者多有高深的学识，才华横溢，思想比较成熟，对各种人情世故都有相当深刻和准确的理解。责任心很强，在企业里，这种类型的下属是一个可以信任和依赖的人。但是这种类型的人也有一些缺点，那就是清高、自傲，从来不会轻易向他人服软认输。可由于性情耿直，往往会导致英雄无用武之地。

因此，领导者了解了这类下属的性格特点后，不妨多给对方一些展现自己的机会，让其充分发挥自己的才华，为企业做

贡献。

3.说话的音色给人一种紧张压迫感的下属

一个下属，如果他的音色给你一种紧张压迫的感觉，那么，说明这个下属属于比较自负和自傲的人，这种人的自我意识强烈，比较自以为是，不会轻易接受别人的意见或建议。他们做事没有耐心，和别人发生矛盾时，不肯体谅别人，喜欢用武力解决问题。因此，当你面对这类下属时，要多在其身上花些心思，尽量想办法让对方改掉这些缺点，如果经过一段时间的努力，他们仍旧没有丝毫进步，那么，作为领导的你就可以考虑辞退此人了。

4.说话音色较高的下属

一个人如果音色较高，说明他的性格比较豪爽，脾气比较暴躁，遇事容易冲动。他们给人的感觉是大大咧咧，真诚而热情，说话很直接，从不拐弯抹角。

这类下属不会让自己受委屈，一旦受到委屈，他们会据理力争。很多时候，他们能够充当急先锋，对周围的同事和朋友起到号召的作用，但这种人也很容易被人利用，而自己却浑然不知。因此，领导者面对这样的下属，要根据其性格特点把他放在一个更加合适的岗位上。

5.喜欢清嗓子的下属

在我们周围，你可能经常看到一些喜欢清嗓子的人。仔细观察你会发现虽然都是清嗓子，但是其中有很大的区别。有的人喜欢在说话之前清嗓子，有的人喜欢在说话过程中清嗓子，还有的人故意清嗓子或者只是偶尔清一下嗓子。那么，这分别代表的是哪种类型的性格呢？

我们不妨来学习一下：

如果你的下属喜欢在说话之前清嗓子。那么，他多半比较紧张和不安，尤其在一些重要的场合，例如演讲、作报告等。在说话过程中不断清嗓子的人，有两种可能：一种是为了变换自己说话的语气和声调；还有一种则是为了掩饰自己内心的不安和焦虑。如果你的下属只是在说话过程中，偶尔清一下嗓子，说明他对某一个观点或问题不是很认同，想再仔细考虑一下。如果你的下属在说话过程中，总是故意清嗓子，说明他在向他面对的人发出警告，向对方表达自己的不满情绪，甚至在向对方示威，告诉对方自己可能会不客气。

因此，领导者在了解了对方的性格特点后，最好“对症下药”，在不同的场合采取不同的策略。

6.说话总是唉声叹气的下属

一个人如果总喜欢唉声叹气，说明这个人总是处于抑郁之中，内心比较自卑，心理承受能力很差，面对挫折和困难，没有信心，总是垂头丧气，一蹶不振，没有勇气挑战困难。

这类下属遇到问题不善于在自己身上找原因，总是找各种各样的客观原因来搪塞自己和别人，以使一切都变得顺其自然。他们经常为自己的不幸而唉声叹气，喜欢用别人更大的不幸来安慰自己。面对这样的下属，领导者应该让他们多参加一些培训和锻炼，提高他们的自信心。

7.音色比较洪亮的下属

相信当你听到一个下属说话的声音很洪亮的时候，会感觉非常舒服，因为他给你的感觉是这个人充满了活力。事实确实如此，声音比较洪亮的人，一般都有充沛的精力，荣誉感比较强。他们对自己充满信心，待人热情而诚恳，气质佳，容易引起别人的注意。如果你的下属是这样的人，那么，作为领导的你应该在精神上多多鼓励他，让他有一种荣誉感，从而更好地工作。

8.说话音色低沉粗狂的下属

如果下属说话的音色既低沉又粗狂，那么，说明他是一个现实主义者。这类人比较稳重，在社交场合比较谨慎、小心，给人的感觉是成熟、潇洒，比较吸引他人的目光。不仅如此，他们还有较好的适应能力和随机应变的能力，让他们换一个环境或者重新面对一个问题，他们会很快调整自己，使自己和周围的环境相适应。所以，如果你的下属是这一类型的人，你完全可以考虑把他放在一个比较重要的岗位上。

9.说话没有高低起伏的下属

一个说话平铺直叙、没有高低起伏的下属，往往是一个性格比较内向的人。这类人在大多数情况下都沉默寡言，对人比较冷淡，但他们内心一般比较狂热，只是不善于表露罢了。面对问题时，他们比较冷静，会对问题进行认真的分析，找出最好的方法，然后再付诸行动。

因此，面对这样的下属，领导者应该多和其进行沟通和交流，让他们把心里的话说出来，不要总是闷在心里。

听其语速，了解下属脾气的特点

每一位员工都有自己特定的说话特征，在这些说话特征中，最重要的应该就是说话的速度了。比如，凡是语速快的员工，多半都能说会道；语速慢的员工，则往往比较木讷。

可以这么说，了解一个员工语速的快慢，是了解这个人个性的关键。因此，下面将分别对不同语速的员工来进行阐述，领导者也可以借此结合实际的情况，更好地把握员工的个性和心理。

1.语速适中的员工

这种员工属于温和型的人，头脑灵敏，反应很快，通常他们很少发言，但是当真正要表达意见之时，则会有理有据，感情充沛，达到一鸣惊人的效果。

也正因为如此，这种员工给人的印象是富有心计或者很阴险，事实上并非如此，他们的正义感很强，当他们得知朋友遇到了困难，即使朋友没有要求他们帮忙，他们也会毫不犹豫地给予帮助，而当对方想要表达谢意之时，通常又很难找到他们的身影。

另外，这种类型的员工对于工作非常的积极，不但认真，并且有着自己独到的见解，一旦有机会担当领导者的职务，必定会达到意想不到的效果。

2.说话速度很快的员工

说话速度很快，这种员工比较精明、外向。这种类型的员

工只要让他们有说话的平台，一定会侃侃而谈，滔滔不绝，对方说一些他的经历，或者是一些令他难以忘却的记忆，一旦说到开心之处甚至会手舞足蹈，相反，说到伤心的时候也会声泪俱下。

这种类型的员工可以在毫不做作的情况之下，以一种开玩笑的口气来介绍自己。他们多是直肠子，哪怕是自己的糗事，也会讲出来，目的就是使对方开心。即使日后认为“说得有些出格”，他们也绝对不会有后悔之意。

正是因为这样，他们很容易给人留下一种说话轻率、不经过大脑思考的印象。实际上并非如此，他们懂得随机应变，懂得在与人交谈时配合对方的说话速度，不但要看着对方说话，同时也会适时地改变谈论的话题，为的就是不想让对方难堪。因此，这种员工的优点就是善于社会式的交谈。

3.说话速度慢的员工

说话速度慢的员工无论是说话还是做事，都会摆出一副斯斯文文的样子，若遇到一个性格急躁的人，肯定会大发雷霆。

这种员工有很高的警惕性，与人交往时，他认为没有必要让他人过多地了解自己，总是想办法伪装自己。

这类员工属于厚道老实的类型，正是由于不善言辞，行为不敏捷，才导致有些木讷，往往一件简单的事在他们手里也会变得很复杂，要花相当长的时间才会出结果，更不必说复杂与困难的事情了。正是由于这种性格，这种人在做任何事情的时候都比较小心，有时甚至过分担心，在交朋友的时候，缺少真诚，会无意识地与对方保持相当的距离。因此，这类员工的人际关系很差，正是受这些因素的影响，才导致他们的工作或事业不是很成功。

4.讲话速度突然变慢的员工

如果你与这样的员工交谈，就要注意了，这可能是对方为了表示不满或是对你怀有敌意。

从心理学的角度来说，当一个人的内心不安或者情绪不佳时，讲话的速度就会突然变得很慢，企图依靠慢慢讲述来表达更多的事情，试图来发泄自己内心不安的情绪。但是，由于心情的影响，固然没有过多的时间让他去冷静地反省自己，因此，谈话的内容比较空洞，若是碰到了敏感的人便很容易看出其心理的不安状态。

5.说话速度突然变得很快的员工

这类员工攻击性很强，他们在与人交谈时，当对方的意见不能和自己达成一致时，就会对对方表示出不满，说话的速度就会突然之间变得很快，这是一种反击的语气，这类语气也多见于与人争吵中。

6.说话的速度比平常快的员工

平时很少说话或说话慢条斯理，但在某些场合会突然表现得夸夸其谈、口若悬河，这类员工比较虚伪，他们为了不让别人知道自己内心的秘密，想借用快言快语来掩饰，以此转移他人的注意力。另外还有一种可能，他们希望对方能在短时间内了解自己的愿望，却不知如何表达，因此才会在语速上有这种

反常的现象。

7.说话速度比平常慢的员工

平时说话速度很快，但在某些场合说话速度却很慢，这说明这类人存有自卑感，或者根本就是在撒谎，希望以这种方式来掩饰自己的言行不一，也正是一心只顾掩饰，而使自己的真实想法不自觉地暴露了出来。

听话听音，声音是人的第二颗心

人的声音各有不同。领导者要想全面系统、深入细致地观察一个员工，就不能仅仅满足于第一印象，更要通过日常相处来体察他的声音下隐藏的真性情。因为“声音”能给人留下深刻的印象。比如，有些员工的声音轻柔缓和，有些员工的声音带有沉重的威严感。领导者可以根据声音所获的印象去认识员工。

声音不仅能表现性格、人品，有时也暗示了一个员工的心理变化。当从脸部表情、动作、言辞都无法掌握心态时，往往可从声音去揣摩对方的喜怒哀乐等情绪变化或者心理特点。

1.声音温和稳重的下属

如果女性下属的音质柔和、声调较低，说明她的性格比较内向，这类下属会随时顾及周围的情况而控制自己的感情，她们渴望表达自己的观点，因而作为领导者，应尽可能多地让她们抒发感情或者发表意见。这种下属富有同情心，对于有困难的朋友或者同事会伸出援助之手。她们性格比较温和，早上、中午一般有气无力，到了下午才会变得活泼。

而对于男性员工，如果他们的声音温和沉稳，那么，他们属于乍一看显得很老实，其实有其顽固的一面，他们往往固执己见、不善妥协，不仅不会讨好别人，也绝不会受别人意见的影响。

作为会谈的对象，这种员工刚开始难以交往，但他们却是忠实可靠的，其性格大都比较正直，心态稳健，性格持重。如果在说话的时候，声音洪亮，中气十足，这样的员工一般都有做领导的潜质。

具有这种声音的员工，在职场上比较容易升迁，给人留下成熟、稳健、自信的印象。

2.声音比较尖锐的下属

女性中发出高亢尖锐声音的员工，一般情绪起伏不定，对人的好恶感也非常明显。这种人一旦执著于某一件事情时，往往会不顾其他。不过，一般情况下，她们也会因一点小事儿伤感情或勃然大怒。这种员工会轻易地说出与过去完全矛盾的话，且并不引以为戒。

声音高亢的员工一般较神经质，对环境有强烈的反应，如办公环境发生变更就毛躁不安；富有创意与幻想力，美感极佳而不服输，不易向他人低头，说起话来滔滔不绝；常向他人灌输己见。面对这种员工，领导者不要给予反驳，表现出谦虚的态度即可使其得到满足。

发出这种声音的男性员工一般个性狂热，容易兴奋也容易疲倦。发出高亢声音的男性员工，从年轻时代即擅长发挥个性并掌握成功之道，这也是其特征之一。

3.声音又粗又沉的下属

声音沉重、有如自腹腔而发出，不论男女都具有乐善好施、喜爱当领导的性格。他们喜好四处活动而不愿待在家中。

具有这种声音的女性在同性中间人缘较好，容易受到别人的信赖，成为大家讨教主意的对象，这种人是最好相处的。

有这种声音的男性通常会开拓政治家或实业家的生涯，不过，其感情脆弱又富有强烈的正义感，争吵或毅然决然的举止会使其日后懊悔不止。

这种类型的人无论男女均交友比较广泛，能和各种类型的人往来。因此，面对这样的下属，领导者只需顺其自然便可。

4.声音沙哑的下属

一个声音沙哑的女下属，往往是一个比较有个性的人，即使外表很柔弱，内心也会很坚强。虽然她们对任何人都彬彬有礼，但绝不会轻易暴露自己的内心，让人捉摸不透。她们虽然和同性往往意见不合，甚至被人排挤，但容易受到异性的欢迎。她们的品位比较高，在音乐、绘画方面比较有造诣。面对这样的女下属，领导者需要注意的是，不能对其强迫灌输自己的思想。

如果男性下属的声音比较沙哑，往往说明他是一个耐力十足而且敢于行动的人，即使别人都不敢前行，他也会铆足了劲

往前冲。这类人的缺点就是比较自以为是，对一些看似不重要的事情容易放松。

具有这种声音的人，会凭着自己的力量扩展势力，在公司团队里率先引导他人，越挫越勇，全力以赴。

5.声音娇滴滴或黏腻的下属

女性发出带点鼻音而黏腻的声音，通常表示非常渴望受到众人喜爱，这种人往往心浮气躁，有时由于过于希望引起别人好感反而招人讨厌。

男性若发出这样的声音，多半是独生子或在百般呵护下长大的孩子。这种人在独处的时候会感到非常寂寞，遇到必须由自己判定的事物时会不知所措。他们在很多要作决断的时候显得有些优柔寡断。

6.声音节奏分明的下属

发出这种声音的人，无论男女，往往说话的语气抑扬顿挫，节奏分明，像唱歌一样。这种类型的人在别人眼里就是一个幻想家，并且很讲究罗曼蒂克的气氛。

不过，具有这种声音的人一般都具有演员的气质，表现欲极强，喜欢自我欣赏，而且为人处世比较圆滑。

总之，声音是人的第二颗心，不同的声音代表着下属不同的心理和性格，当通过声音了解了下属的心理和性格后，领导者就可以根据其特点制定出相应的“对策”，以便更好地管理下属。

由语态，听出下属的心理和性格

从一个人说话的语态上也能反映出一个人的性格和心理。因为，无论是在生活中还是工作中，人们为了想把要表达的意思表达清楚，让他人听后感到高兴，甚至接受自己的看法，在说话时都会十分注意自己说话的语态。

因此，领导者在与员工的沟通过程中，只要多多注意他们说话时的语态，就能进一步了解员工们的心理和性格特点。

1.说话经常使用礼貌用语的员工

经常在说话的时候使用礼貌用语的员工，大多属于有知识、有文化修养的人。他们能够尊重他人，并且理解对方的处境。

另外，这类人通常情况下心胸都比较开阔，即使昨天与人发生争执，可能第二天又与对方和好如初。

2.说话经常使用恭敬语言的员工

在说话的时候经常使用恭敬语言的员工，他们为人处世比较圆滑世故，这类人都有很强的观察能力，通过观察别人的一举一动，从人的动作、表情中分析观察对象的内心、想法、情感，而后再迎合别人的喜好，说对方爱听的话。

这种人随机应变的能力很强，相对地，性格的弹性也比较大。在社交方面能表现得很优秀，不管与哪一类人打交道都可以与其保持良好的关系，在为人处世方面，往往能够很快地找到与自己志气相投的人。

3.说话经常使用奇思妙语的员工

说话时善于使用奇思妙语的员工，谈吐诙谐，机智风趣，灵感的火花经常会在一词半语中凸显出来。无论他们走到哪里，都会给他人带来欢声笑语。

这种类型的员工通常都很聪明，反应敏捷。当遇到困难时，他们往往临危不乱，能很快地找到事情的根源，从而找到解决问题的方法。

4.说话经常直奔主题的员工

这种类型的员工说话的时候总是直奔主题或者核心，他们属于豪爽、大方、开朗的人，而且在处理事务上也非常果断，一旦答应了帮助别人做某件事情，就会毫不犹豫地、竭尽全力地去做。

另外，这种类型的员工十分有魅力，创新能力很强，敢作敢为。

5.在与人交谈时经常好为人师的员工

这种好为人师的员工，自我感觉永远都是“万事通”，在他人面前，他们永远都会摆出一副什么都懂的样子，并且随时准备着训斥别人。

这种类型的员工自我意识非常强，很自傲，往往对别人不屑一顾，有着十分强烈的表现欲望。他们总是一味地希望他人能够关注自己，以便故意显示、炫耀。

6.谈话时经常劝慰开导他人的员工

这种员工大都有着十分出众的语言表达能力，他们才思敏

捷，往往在为人处世方面有自己独到的见解。

这种类型的员工内心情感非常丰富，很容易与他人志趣相投。

7.经常用道理说话的员工

这种在谈话时经常用道理说话的员工，喜欢引用一些材料作为依据或例证，他们通常很有学识，无论是天文还是地理都能略知一二。但也正是因为这样，这类员工对许多东西都不精通，知识的系统性比较差，往往只知其然而不知其所以然，导致其思想性和深度不足，表达某观点的时候往往说了许多，但都说不到点子上。

8.经常用言语肆意诬蔑他人的员工

这种员工深沉并且富有心计，他们心胸狭窄、爱挑剔，虽然工作时比较尽责，但却很少相信别人。因为，在他们看来，只有自己做的才是最好的，他们不相信有人能超越他们。

所以，一旦他们发现有人比他们更优秀，更受领导器重时，他们的内心就会狂躁不安，搬弄是非对他们来说只是取胜的小手段而已。

9.谈话时经常高谈阔论的员工

这种类型的员工在处世时着眼比较高，无论是工作上还是生活上，都不会在乎细节部分，他们往往喜欢做长远的打算，比较善于全方位地考虑问题。

另外，这种类型的员工有着很强的创新意识，他们提出的某些创意在别人看来虽然不能称之为“绝后的”，但也绝对称

得上“空前的”了。不过，这种员工也有不足之处，那就是他们的耐心不足。

10.说话时经常添油加醋的员工

这种类型的员工大都性格比较懦弱，独立处理事情的能力很差，如果他们在生活中遇到问题，往往没有主见，在很大程度上会选择随波逐流。

但是，这类喜欢添油加醋的员工对新鲜事物的接受能力却非常的强，尤其是对生活中或工作中的一些新鲜词汇，总是想要就能得到，并会把它们看做生活中的配料一样，让每天的生活过得丰富多彩。

通过谈论的内容了解下属性格

领导者在与员工交流的时候，获得的信息无非从对方的说话内容中来，而员工在说话的过程中，总会不知不觉透露出自己的想法，只要领导者稍加留心，就一定可以获得来自对方的性格暗示。

要知道，没有什么比他的说话内容更能体现他的个性了。因为，一个员工喜欢用什么样的话题来切入谈话，或者说在谈话的时候喜欢谈论什么内容，绝对是与他的个性修养和个性特质密切相关的。在与某一位员工谈话中，领导者只要注意观察、仔细揣摩员工谈话的内容，就一定会获得一些有助于你了

解这名员工的信息。

下面总结了一些员工在与他人交谈时最常谈论的话题，或说是谈话的内容，领导者只要仔细揣摩，理论结合实践，就一定能够比较准确地去了解你的员工的性格和心理。

1.经常谈论自己的员工

当你的员工在和别人谈话时，总喜欢谈论自己以及跟自己相关的事情，例如，谈论自己的经历、性格以及对周围事物的看法等，那么，他就是一个以自己为中心的人。这类员工性格大多比较外向，感情色彩浓烈，主观意识比较强，喜欢表现自己，当然，这样的员工虚荣心比较强。

反之，如果你的员工和别人谈话时，从来不谈论自己以及和自己相关的事情和看法，那么，说明这个员工比较内向。这种类型的人感情色彩不是很鲜明，没有很强的主观意识，不喜欢表现自己，思想传统而保守，或多或少有些自卑。但是他们往往有很深的城府。

2.说话内容以生活琐事为主的员工

说话内容以生活琐事为主的员工，表明他是个安乐型的人，注重享受生活的舒适和安逸；如果经常谈论国家大事，则说明这种员工的视野和目光比较开阔，而不是局限在某一个小圈子里，这种员工往往被委以重任，当然他也会完成得很好。

3.谈话时总是单纯叙述的员工

假如一个员工在与他人谈话的时候，不掺杂任何个人感情色彩，只是单纯地平铺直叙，则表明他是一个客观理智的人，情感比较沉着、稳重，一般不会出现过激的行为。

反之，如果一个员工在叙述事情的时候，特别喜欢掺杂个人感情色彩，喜欢注意细节，则说明他是一个感情细腻的人，容易一触即发。同时，这种员工对局部的关心要多于对整体的关注，这也表明这个人适合从事某项比较具体的工作。这种类型的员工支配他人的欲望不是很强烈，经常会顺从他人的领导。

4.谈话时喜欢推理和概括的员工

如果一个员工在说话时习惯进行因果和逻辑关系的推理，并且给予某件事或某个人一定的判断和评价，那么，这就说明这位员工具有很强的逻辑思维能力。另外，这种员工往往比较客观和注重实际，自信心和主观意识都比较强，经常会发生将自己的思想观点强加于别人身上的情况。

如果一个员工的谈话内容属于概括型的，非常简单，但又准确到位，注重结果却不太关心某个细节过程，平时关心的也是宏观的问题，则显示出这位员工具有成为管理者和领导者的潜能。另外，这种类型的员工独立性都比较强。

5.谈话时喜欢畅想未来的员工

如果一个员工说话时喜欢畅想未来，则表明他是一个爱幻想的人，这种员工有的能将幻想付诸于行动，有的只是停留在口头上。能付诸于行动的人，比较注重计划和发展，做事踏踏实实，很可能有一番大作为。而后者则属于空想家，往往最后一事无成。

6.其他

（1）如果你的员工在谈话时，总是把话题扯得很远，或者不断地转变话题，则说明他思想不集中，缺乏必要的耐心、宽容和体谅。

（2）如果你的员工谈话时比较自然，那说明他的生活很有规律，为人处世小心而谨慎。如果经常谈论一些自然现象或者人际关系，那说明这个员工在这方面很有心得。

（3）还有一些员工在谈话时，从不喜欢作出评论，除非不得已的时候，才会发表自己的意见，并且当面和背后的言辞多会保持一致。这类员工一般都比较正直和真诚。反之，对他人评价当面奉承表扬，背后却谩骂和诋毁，这种员工是非常虚伪的。

透过言辞，看出员工的个性

语言从产生开始，就已经成为人与人交流的媒介，正是通过人与人不断的交流，才会使文化、思想、行动达到一致，从而创造出人类共同的产物。但这种文化、思想、行动所构成的产物，也是每个人独特的个性间接产生的。因此，从一个人的言辞来识破一个人的个性并不是一件很难的事情。下面我们将从不同的言辞来窥探一个人的个性。

1.言辞过于谨慎的员工

言辞过于谨慎的员工不仅说话时会仔细考虑，就连生活也

很有规律，按部就班。但是这种员工往往思路比较狭窄，眼界也受限制，他们做起事来往往过于小心翼翼。

另外，这种类型的员工疑心非常重，原本很简单的事情在他们看来却变得很复杂，因此，他们也有远大的理想，但投入的实际行动却很少。俗话说“树叶掉下来也怕砸到头”，正是对这类员工最好的写照。

2.言辞简洁的员工

这种员工与侃侃而谈的人不同，这种员工只要一开口，就属于能说会道、才思敏捷型。但在平时的生活中，这种类型的员工往往会招致两种不同的结果。一种是仗着自己口齿伶俐，处处抢别人的风头，表现自己，而对他人不屑一顾。即便自己失礼的事情，也会争论不休，若是有理则更加得理不饶人。因此，这种处世方法自然很难得到别人的拥护。

另外一种就完全不一样。他们同样凭借着自己的伶牙俐齿，但所说的话却句句在理，令人无法反驳。他们常常借助自己的能言善辩来替别人伸张正义，所以，不管是领导者还是同事都喜欢与这种人交往，成为朋友。

3.言辞客观冷静、不掺杂个人感情的员工

这种言辞的员工性格倾向于外向，自信心十足。他们大都比较沉稳、理智，处事的时候很冷静，不会有过激的行为出现。他们还很有主见，对事物往往会提出自己独特的见解，而且还会长期坚持下去，不会轻易放弃。处事果断，讲究原则，从不牵线攀藤。于公无私，虽然看似有些冷漠，实际却很值得

相信。

4.废话连篇的员工

说话拖拖拉拉，但语言又不精简，常常说了一大堆话却没有突出主题，这是懦弱员工的所为。这种员工责任心不强，当遇到了很难解决的问题时，就会推脱逃避，很胆小。当然，废话连篇的员工势必心胸狭窄，经常会因为一些微不足道的小事而斤斤计较、浪费精力，而且抱怨老板或者同事，对许多事情都不满，有极强的嫉妒心，并且缺乏创新能力。

5.否定和批判一切人和事的员工

这种言辞的员工通常很悲观，对于所有的事情他们只会看到坏的一面。虽然对自己当前的状况十分不满，但又缺乏改变现状的勇气，自信心不足。因此，只是一味去抱怨，想尽办法抱怨公司和打击同事，甚至蓄意伤害他人。

6.喜欢自言自语的员工

喜欢自言自语的员工通常信心不足，经常否定自己，精神常常处于紧张的状态。天生胆怯的他们，做起事情来总是前怕狼后怕虎。由于他们的想法不能得到实现，所以才会用言语来发泄心中的不满。

7.喜欢夸耀自己的员工

这种类型的员工非常任性，凡是他想做的事情，从来不会顾忌别人。他们不仅虚荣心很强，情绪也十分不稳定。

从表面上来看这种人信心十足，但实际上却十分自卑。

8.健谈的员工

健谈的员工往往精力充沛，对新鲜事物的好奇心很强，有一定的学识。活动能力很强，社交能力很强，人际关系网很广。他们很有上进心，但又过于在乎名利，常常做得不偿失的事情。

9.说话习惯使用方言的员工

这种类型的员工很坚强，对事情有独特的见解和认知能力，不人云亦云，会按照自己的方式来生活。他们感情丰富细腻，而且很讲信用。但他们适应环境的能力不是很强，在一个环境中生活久了，突然换了一个环境，可能需要很长的时间他们才能适应。但他们却十分的自信，敢做敢当，很少闹情绪，因此，事业上会比较成功。

10.喜欢标新立异的员工

这种类型的员工自主能力非常强，开创性思维特别活跃，对任何事物都有着极强的好奇心，而且不甘于现状，经常按照自己独特的思维来达到与众不同的效果。接受新鲜事物的能力强，敢向一些不平等的事情说“不”，敢于打破传统，大胆地提出自己的见解，极富开拓进取的精神。但他们遇事之后不够冷静，容易引起偏激，很难让人理解，导致成为孤立英雄，最终前功尽弃。

第4章

凝聚人心，领导者管理要解码员工心理

作为领导者，想征服你的下属很容易，但想征服下属的心却很难。征服下属，也许你只能获得一时的心里舒坦，而要征服下属的心，你将会获得永久的胜利。在企业管理中，人员管理既是一门耐人寻味的学问，又是一门与众不同的艺术。作为领导者，只有真正了解下属的心理，以经营人心为主，才能找到管理的真谛，从而开启人员管理的胜利之门。

给予员工自信心，使其尽快成长

一个充满自信的人不一定成功，但一个没有自信的人一定不会成功，可以说自信是一个人获得成功的基础。作为领导者，你不能奢望一个整日唉声叹气、毫无自信的员工会获得成功。通用电气CEO韦尔奇曾告诫他的员工："如果GE不能让你改变窝囊的感觉，你就应该另谋高就。"同样的道理，如果领导者在日常工作中，能够时不时通过言行向下属灌输"你很行！你是最棒的！"这样一种意识，他们就可以重新认识自我，树立自信，发挥潜能，做得很好。

1968年，美国著名心理学家罗森塔尔教授和雅各布森教授带着一个实验小组走进了一所普通的小学，他们对那里的校长和教师说明自己要对那里的学生进行"发展潜力"的测验。

经过允许后，他们在6个年级的18个班里随机地抽取了部分学生，然后把名单提供给任课老师，并郑重地告诉他们，名单中的这些学生是学校中最有发展潜能的学生，并再三嘱托教师在不告诉学生本人的情况下注意长期观察。时间过得很快，8个月后，当他们回到该小学时，惊喜地发现，名单上的学生不但在学习成绩和智力表现上均有明显进步，而且在兴趣、品行、师生关系等方面也都有了很大的变化。

从案例中我们可以看到：罗森塔尔和雅各布森为学校老师提供的其实是一份“假信息”，可为什么会出现这种“真效果”呢？原因很简单，由于罗森塔尔和雅各布森的“权威性的预测”引发了教师对这些学生的较高期望，于是，在之后的时间里，这些老师把较高的期望都寄托在了这些最有发展潜力的学生身上，虽然没有告诉这些学生他们很优秀，但是却通过自己的一言一行给了这些学生足够的信心和积极的心理暗示，这些学生在接受了教师渗透在教育教学过程中的积极信息之后，会按照教师所规定的方向和水平来重新塑造自我形象，调整自己的角色意识与角色行为。

是否充满自信是一个下属能否获得成功的关键之所在。在企业里，一个充满自信的下属，不仅能够发挥出自己的最大潜力，还会为领导者的工作提供有力的支持。下属自信心的确立，不仅需要下属提高自己的能力素质，而且需要领导者为下属提供树立自信的必要条件。下属缺乏自信心，表面上看起来是下属自己的问题，因为是下属对自己能力的怀疑和否定，但仔细深究，你会发现，这其实与领导者的行为有着非常密切的关系。

作为领导的你，如何提高下属的自信心，使下属得到更好的激励，从而提高整个部门的业绩？不妨照以下的建议尝试一下，效果真的不错。

1.下命令时，用建议的口吻

虽然下属们都要遵从领导，但是没有谁喜欢被人指使来指使去，因此，领导者与其用命令的口气去指挥下属，不如用商量的口吻，例如，“你考虑一下，看这样做行不行？”“你认为这样做怎么样？”这种建议的口吻，会使你的下属有一种身居重要位置的感觉，从而对问题引起足够的重视。

2.平和宽容地对待下属

在实际工作中，不冷静的处理方法只会损伤下属的自尊，伤害他们的感情。只有平和宽容地待人，给下属留有足够的面子，他们才会在工作中把头抬得更高、更自信。

3.适当地给下属戴戴“高帽子”

谁都喜欢被赞美，所以适当地给下属戴“高帽子”会让下属有一种被重视的感觉，从而提高自信，努力工作，当然，要注意的是，这里所指的戴“高帽子”，并不是让你不切实际地胡乱夸奖，而是一种真诚的赞美。

4.将下属的名字常挂在嘴边

将下属的名字时常挂在嘴边，虽然是一件微不足道的事情，但是它所造成的效应却非同小可，尤其是在一些大的部门中，领导者记住了下属的名字，对下属来说就是他们心理上的满足，精神上的激励。

5.有事找下属商量

成功主管总是将这样一个概念深入人心：组织的事就是大家的事。责任感的形成会为自信心的树立起到推波助澜的作用，也使他们更加明确自己在组织中所处的位置，更加珍惜自己辛勤的劳动与取得的业绩。

6.奉行“重担子”主义

东芝公司总裁土光敏夫说：“人的工作情况必须在能力之上。”挑战性的工作会让参与其中的人在体力与心智上都得到一次锻炼，进一步培养个人的自信。因此，领导者在实际工作中，应该适当地给一些有能力的下属一些“重担子”。

罗森塔尔效应：对员工的表现给予认可

所谓“罗森塔尔效应”，又叫“期待效应”，源自罗森塔尔在加州的一所学校中做的一个实验。此效应运用在企业管理中就是指，在一个企业中，如果领导者对员工的期望越高，其员工的表现就可能越优秀；反之，其表现可能更差。其实这是一个期望效应，即一位有影响力的人物对于个体的由衷赞赏和认可，会极大地提升个体的自信心，个体会努力向着优于一般表现的方向发展。

在一个企业中，如果领导者向员工明确地表达出由衷的认可，那么，员工就会受到有效的激励，真的变成领导者所期望的优秀员工；反之，领导者如果认为员工愚笨懒惰，那么，他的员工就会很敏感地察觉到这种意识，从而容易丧失信心，真的变得不思进取了。

陈莉在大学学的是国际贸易，如今在外贸公司已经工作3年了，但是她的业绩表现一直都不怎么样。之所以会这样，并不是陈莉没有别的员工优秀，而是因为她之前的上司刘经理是一个傲慢而刻薄的女人，对于陈莉的工作她从来不加以肯定，反而经常批评她。一次，陈莉主动帮公司收集了一些国外对于公司出口的纺织品类别实行新的环保标准的信息，对此，她的上司刘经理知道后，不但没有表扬她，反而说她不专心本职工作，自此以后，陈莉再也不敢关注跟自己的业务无关的工作了。

后来，公司新调来一个从美国回来的主管进出口工作的张经理。这个新上司性格开朗，喜欢集思广益，提倡大家积极发言，对同事的工作经常赞赏有加，做事从不拘泥于部门和职责的限制。在他的带动下，陈莉变得活泼开朗了很多，她又开始积极发表自己的意见了。由于张经理的鼓励，她的工作热情空前高涨，她不断学习新知识，起草合同、参与谈判、跟外商周旋……陈莉非常惊讶，原来自己还有这么多的潜能可以挖掘，想不到以前那个沉默害羞的女孩儿，今天能够跟外国客商为报价争论得面红耳赤。

其实，陈莉的变化，就是我们所说的罗森塔尔效应起了作用。在刚开始的时候，陈莉是在一种不被认可和鼓励、甚至充满负面评价的环境里工作，由于一直受到负面信息的左右，所以她比较自卑，对自己的评价非常低；而当换了一个领导之后，她每天的工作环境都充满了信任和赞赏，由于经常受到表扬和鼓励，陈莉开始往好的方向改变，心态也好了很多，行动变得积极起来，最终做出了更好的成绩。

在现代企业里，罗森塔尔效应不仅有利于鼓励员工好好工作，增强员工的个人能力，还非常适用于团队精神的培养。即使那个团队的员工各个都是强者，都习惯于单兵突进，习惯于竞争，我们仍能发现罗森塔尔效应是激发工作热情的灵丹妙药。

“日本经营之神”松下幸之助就是一个会很好利用“罗森塔尔效应”的人。松下首创了电话管理术，他经常会给下属，即使是新招来的员工打电话。他不是那种有重要事情才会打电话的领导，每次给员工打电话，他只是询问一下员工的近况如何。如果下属回答：“一切顺利。”他就会说：“很好，希望你继续加油。”这种很简单的做法，却每每使接到电话的下属深受感动，他们认为这是总裁对自己的信任，从而工作起来更有干劲。就这样，很多人在“罗森塔尔效应”的作用下，努力工作，慢慢成长为一个独当一面的人才，要知道我们人类70%的潜能都是沉睡的。

美国钢铁大王安德鲁·卡内基选拔的第一任总裁查理·斯瓦伯说：“我认为，我拥有的最大资产就是拥有鼓舞员工的能力。而使一个人发挥出最大能力的方法就是赞美并鼓励对方。再也没有什么比上司的批评更容易抹杀一个人的雄心……我始终赞成鼓励员工工作。因为我喜欢赞美别人，而不喜欢从员工的工作中挑刺。如果我喜欢什么的话，就是我诚于嘉许，宽于称道。”

犹太人史考伯非常善于激励员工，他说：“在这个世界上，我见过很多大人物，我发现不管是谁，无论他多么伟大，地位多么崇高，都是在被赞许的情况下，比在被批评的情况下工作效率更高，更加努力。”史考伯的信条同卡内基如出一辙，正是因为二人都善于激励和赞赏自己的员工，才稳固地建立起了他们的钢铁帝国。

人类本性中最深刻的渴求就是被认可。每个员工只要能被领导者热情期待和肯定，就能得到领导者希望的效果。作为一名领导者，应该时刻在口头和行为上认可、鼓励你的员工，要把其当成员工工作中的一种需要。对员工的表现给予认可会使他们心情愉快，工作更加积极，用更好的工作成果来回报你，何乐而不为呢？

总之，认可员工具有一种能量，它能改变人的行为。当员工获得领导的信任、赞美时，他便感觉获得了极大的支持，从而增强了自我价值，变得自信、自尊，获得一种积极向上的动力，并会尽力达到领导的期待，以免领导失望。

牢骚效应：给员工自由的空间，倾听员工心中的不满

牢骚效应源自于美国哈佛大学心理学系组织的一次有价值的实验。当时，在芝加哥郊外，有一家制造电话交换机的工厂。厂里的各种生活和娱乐设施都很齐全，社会保险、养老金等其他方面也做得相当不错。但是工人们并没有因此而积极努

力地工作，相反，他们的工作积极性并不高，产品销售也是成绩平平，这让厂长感到非常困惑。为了找出原因，他向哈佛大学心理学系发出了求助申请。心理学家们组成一个专家组对这件事展开了调查研究。在他们进行的一系列试验研究中，有一个“谈话试验”。具体做法是：

心理学家们和厂里的工人进行谈话，谈话是一对一的，而且要求专家必须耐心倾听员工的倾诉和不满，并做详细记录。不仅如此，专家不能以任何理由对员工的不满进行反驳和训斥。实验持续了两年时间。在这两年的时间里，研究人员和工人谈话的次数共达到了两万余次。

结果，他们发现：在这两年时间里，工厂的产量大幅度提升。他们得出的结论是：这家工厂的员工，长期以来对工厂的各个方面存在诸多不满，但是却无处发泄。“谈话实验”让他们把心中的不满发泄了出来，从而心情舒畅，干起活来就更有劲了。

牢骚效应告诉我们：人有各种各样的愿望，但真正能达成的却为数不多。对那些未能实现的愿望和未能满足的情绪，千万不要压抑，而是要把它们发泄出来，这对人的身心发展和工作效率的提高都非常有利。

任何企业和单位都会有一些经常发牢骚的人，可以说，领导者对于这群人非常头痛。很多领导者都觉得这群人非常难以应付，很不喜欢他们，对他们避而远之。

其实，作为领导者大可不必这样。首先，你必须承认任何企业都会存在一定的管理问题，所以员工和下属有一定的抱怨和不满也是非常正常的。其次，你要知道一个人只有非常关心和在意一件事情的时候，才会对其发表自己的意见，即使这个意见很难让领导者接受。因此，作为一名领导者，应该害怕的是下属没有抱怨和不满，员工们不再关心组织的发展和目标的达成效果。

松下集团是一个非常关心员工的公司，在公司里，他们会给员工充足的自由空间，让他们发泄自己的不满。老板松下幸之助别出心裁，在公司所有分厂都设有吸烟室，里面摆放着一个极像松下幸之助本人的人体模型，工人可以在那里用竹竿随意抽打“他”，以发泄自己心中的不满。等他打够了，停手了，喇叭里会自动响起松下幸之助的声音，这是他本人给工人写的诗：“这不是幻觉，我们生在一个国家，心心相通，手挽着手，我们可以一起去求得和平，让日本繁荣幸福。干事情可以有分歧，但记住，日本人只有一个目标：即民族强盛、和睦。从今起，这绝不再是幻觉！”

松下幸之助为什么要这样做呢？因为他认为有些时候员工的情绪难以抑制，而领导者又不在身边，找一个替代品让他们发泄一下心中的不满，可以使员工的工作情绪得到好转。

正是通过这种方式，松下的员工自始至终都能保持高度的工作热情。

人心齐，泰山移。任何企业都需要员工之间以及上下级之间产生彼此的认同、合作和信任。一起工作的人，可以不在

同一间办公室，但必须同心协力，才会形成有效运转的机制。人与人之间应该建立和谐相处的氛围，互相消除隔阂、猜忌、怀疑与冲突。而要做到这一点，就需要企业领导者给员工一个自由的空间，为其建立一个有效的沟通渠道，激励员工的工作热情，了解他们的需要与情感，并加以有效地疏导和牵引。这样，才会真正达到企业利润的最大化。

那么，领导者具体应该如何做，才能让下属心情舒畅地工作呢?

1.耐心倾听员工的不满

员工的不满在很多时候对领导的工作是有利的。员工的不满从某一层面上说对领导的管理工作提出了更高的要求。因此，面对员工的不满，领导者应该多倾听、多分析、多引导。这样才能提高领导者的水平，从而促进企业发展。

2.为员工发泄不满创造机会和条件

给下属安排一个专门的场合来发泄不满，这种形式可以把下属平时积郁的不满情绪发泄出来，缓解他们的工作压力。例如，美国有一家公司，公司总经理每隔一个月就会请自己手下的20名员工出去吃比萨。在吃饭之前，他会给所有员工一个小时，让他们彼此之间随意发发牢骚，他们可以问对方：“您上次借我的东西什么时候还？”或者说“你遇到点儿麻烦就心慌意乱”等。然后再用一个小时让他们发表自己积极的见解，或者就新出现的问题提出一些好的建议。这种“正式的宣泄会”不仅费用低，而且效果非常好。

3.千万别忘了“疏导”

如果一个水池，流通不畅，那么时间长了就会堵住，同样，如果一个员工心中的不满不能及时得到疏导，时间长了，就会出现不满情绪无法发泄的情况，这样很容易导致公司如死水一般，没有活力，员工对企业及领导者形成无声的抗议。更可怕的是，一旦员工的不满情绪积少成多，爆发出来，就会使矛盾激化，两败俱伤。因此，领导者在耐心倾听下属的不满后，要及时给予对方疏导。只有这样，才能使员工心情舒畅地投入到工作之中。

出丑效应：下属不喜欢太完美的领导

一个精明的人不经意间犯点小错，不仅是瑕不掩瑜，而且会让人觉得他和普通人一样有缺点，这反倒成为他的优点，让人更加喜欢他，这就是“出丑效应”。出丑效应告诉我们：才能平庸者固然不会受人倾慕，而全然无缺点的人，也未必讨人喜欢。最讨人喜欢的是精明而带有小缺点的人。

一位著名心理学家曾做过这样一个试验，他找来一些测试对象，然后给他们放了四段情节类似的访谈录像：

第一段录像里，一个主持人在采访一个非常优秀的成功人士，他在某个领域里取得了辉煌的成就，在访谈过程中，他举止优雅、态度自然、谈吐不俗，而且非常自信，毫无羞涩之

意，可以说表现得非常完美；

第二段录像里，一个主持人同样在采访一个非常优秀的成功人士，只是这个成功人士没有上一段录像中的成功人士那么完美，他有些羞涩，而且非常紧张，竟不小心把桌子上的咖啡杯碰倒了，咖啡还把主持人的裤子弄湿了，他急忙道歉；

第三段录像里，一个主持人在采访一位非常普通的人，他没有什么不俗的成绩，整个采访过程中，虽然不紧张，但是也没有什么出彩的发言；

第四段录像里，主持人同样采访的是一个很普通的人，这个人没有什么突出的成绩，但在采访过程中却表现非常紧张，和第二段录像中的情景一样，他一不留神碰倒了咖啡杯，把主持人裤子弄湿了。

放完这四段录像后，教授让测试对象从上面的这四个人中选出一位他们最喜欢的，选出一位他们最不喜欢的。

想知道测试的结果吗？最不受测试者们喜欢的当然是第四段录像中的那位先生了，几乎所有的被测试者都选择了他，可奇怪的是，测试者们最喜欢的不是第一段录像中的那位成功人士，而是第二段录像中打翻了咖啡杯的那位，有95%的测试者选择了他。

所以说，人们还是更喜欢那些优秀、真诚、值得信任的人。在企业管理中，一个领导者如果偶尔出现一些微小的失误，不仅不会影响下属对他的好感，反而会让下属从心里感觉到他很真诚，值得信任。而如果一个领导者在下属面前处处表现得完美无缺，看不到任何缺点，反而会让下属觉得他这个人不够真实，恰恰会降低他在下属心目中的信任度，因为一个人不可能没有任何缺点，尽管别人不知道，并不代表他自己心里不清楚。

可见，一个优秀的领导者，并非一定在下属面前表现得非常完美，偶尔犯点小错误，出丑卖乖一次，反而会让下属觉得你更可爱，也更吸引人，而周围的同事、下属也会更加信任和喜欢你。当然，要注意的是，这一切发生的首要条件是这个领导者本身非常优秀和值得下属尊敬，或者至少给人留有很好的第一印象，否则你的“出丑”只会适得其反。

另外，了解并运用出丑效应，不仅可以帮助领导者和下属搞好关系，还能帮助领导者在管理工作中事半功倍。那么，具体应该如何做呢？

领导者应该根据部门的工作特点以及自身的性格特征，对于部门关键性的环节，努力去抓，如果这方面刚好是你的弱点，就要下工夫把它做好，而对于部门中无关紧要的一些事情、表面看起来不是很完美，而实际对部门影响不大的工作就不要花费太多的精力，不要本末倒置。

俗话说：“金无足赤，人无完人。”每个领导者都有自己的领导风格，你应该结合自己部门的工作特点以及自己的性格，形成一种独有的领导风格，而对于自身那些无关紧要的缺点，不要花大量的时间去更正。

领导者在制定企业战略时，一定要有一种务实的精神，

切勿盲目跟风，更不可好高骛远，要时刻看到自己的优势和不足，在自己优势的方面深挖、做大、做强，而对于自己比较薄弱的环节，及格就行。

公平理论：让员工心理平衡，就要一碗水端平

公平理论又称社会比较理论，由美国心理学家约翰·斯塔希·亚当斯于1965年提出。该理论主要讨论的是员工的工作积极性不仅与他们实际所得报酬多少有关，而且与员工对报酬的分配是否感到公平更为密切。每个人总会自觉或不自觉地将自己付出的劳动代价及其所得到的报酬与其他人进行比较，也会把自己现在付出的劳动和所得的报酬与自己过去相比较。如果相当，就认为公平，心理上感到满足，工作时心情比较愉快、效率就高。否则，就认为不公平，工作时容易出现心理不平衡，就可能改变原来的劳动动机、降低劳动积极性。

有个葡萄园的葡萄熟了，如果在今天日落之前不把葡萄全部摘完，葡萄就会烂掉，而葡萄园的人又不可能在一天之内把葡萄全部摘完。于是，葡萄园的主人就在市场上找了一群人，对他们说："如果你们今天能帮助我把葡萄全部摘完，我就给你们每个人发一枚金币作为报酬。"这群人听后非常高兴，就跟着这位葡萄园园主到葡萄园内摘葡萄。

快到中午的时候，园主发现葡萄还剩了很多，而这些人不

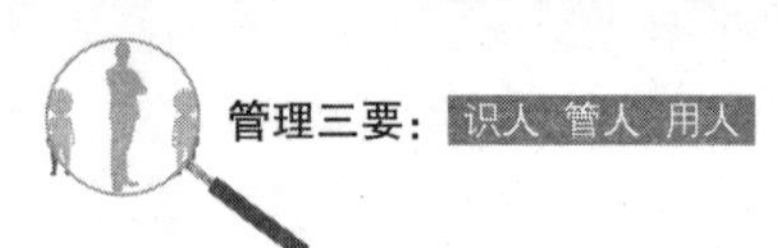

可能在一天之内将葡萄全部摘完。于是，他又到市场上找了一群人，对他们说：“如果你们今天能帮助我把葡萄全部摘完，我就给你们每个人发一枚金币作为报酬。”这群人听后也非常高兴，就跟着这位葡萄园园主到葡萄园内摘葡萄。

到下午两点钟左右的时候，园主发现这些人虽然在很努力地摘葡萄，但他们还是不可能在一天之内把所有的葡萄摘完。于是他又到市场上找了一群人，对他们说：“如果你们今天能帮助我把葡萄全部摘完，我就给你们每个人发一枚金币作为报酬。”这群人听后也非常高兴，就跟着这位葡萄园园主到葡萄园内摘葡萄。

当日落西山的时候，全部葡萄终于摘完了。园主对他的管家说：“你叫他们来，分给他们工资，从最后雇来的那批人开始，直到最前面的。”

管家先把最后一批人叫过来，给他们每人发了一枚金币。这群人非常高兴地走了。他又把第二批人叫过来，给他们每人也发了一枚金币，这群人并没有表现出不高兴，但没有说什么，也走了。这时，第一批的人来了，他们也只领到了一枚金币，这些人非常不高兴，他们对园主抱怨说：“那些最后雇来的人，不过工作了几个小时，而你竟把他们与我们这些整天受苦受累的人同等看待，这公平吗？”

公平理论认为，每个员工对他所得的报酬是否满意不仅取决于其绝对值，还取决于与别人或以前比较之后的相对值。即每个员工都把个人的报酬与贡献的比率同其他人作比较，如果

比率相等，则认为公平合理而感到满意，从而心情舒畅，努力工作。否则，就会感到不公平、不合理，就像上面故事中的第一批人一样。

其实，公平更多的时候是一种心理感受，每个员工并不仅仅在评价自己绝对收入的多少，更多的是在评估自己的相对收入。

因此，作为一个企业的领导者，如果想让自己的员工工作时心情愉快，心理上认为公平并感到满足，提升劳动积极性，就要想方设法创设一种公平的环境和制度，使员工保持心理平衡，从而促进企业的发展。

具体而言，领导者可以从下面3个方面来使员工达到心理平衡，调动员工的积极性：

1.企业要保证制度、政策操作的公开透明，杜绝暗箱操作

一个人在竞争中感受到的公正性、公平性和透明度越强，对关系其切身利益的公司信息了解得越透彻，就越容易保持健康愉悦和昂扬向上的工作状态。相反，如果员工对企业发生的重大事件一无所知，并因此造成了待遇上的不公平，就会使员工对企业产生冷漠和敌视的心理。

2.要认识到制度的公正性比科学合理性更重要

如果制度对大部分员工来说是不公平的，那么，制度再科学也是不公平的。相反，即便某个制度不尽科学合理，但只要对每位员工一视同仁，按照制度办事，往往不会产生太大的矛盾或纠纷。

3.企业在内部问题的处理上要做到公平

如果问题处理程序是公平的，员工即使得到不利于个人的分配结果，也会认为企业的做法是公平的。相反，如果企业随意处理内部问题，不认真考虑企业员工对公平性的认知和感受，那么，就有可能引起员工的不满，造成不良的后果。

总之，只要领导者从思想上认识到公平理论的重要意义，杜绝不正之风，坚持实事求是、一心为公的原则，就一定能让员工心理平衡，并得到员工的理解和支持，把广大员工的积极性调动起来。

先学会尊重下属才能领导下属

哈佛商学院教授罗莎贝斯·莫斯·坎特曾提出过这样一段话：尊重员工是人性化管理的必然要求，是回报率最高的感情投资。尊重员工是领导者应该具备的职业素养，而且尊重员工本身就是获得员工尊重的一种重要途径。

这就是管理学上的“坎特法则”。在企业里，任何员工都希望被尊重，只有他们的私人身份得到尊重，工作热情得到尊重，劳动成果得到尊重，才能使他们真切地感觉到自己的价值，感受到应有的尊重，他们做起事来才会发自内心，才会愿意和领导者打成一片，站在领导者的立场，主动与领导者沟通思想、探讨工作，完成领导者交办的任务，心甘情愿地为工作

团队的荣誉付出。

日本的土光敏夫在全世界都是非常有名的，他是日本企业界的权威人物，为日本的经济振兴做出了巨大贡献。在谈及他的成功经验时，土光敏夫说这一切都得益于自己对员工的尊重。

土光敏夫68岁的时候，就任东芝社长。虽然已经年老体衰，但是他却充满激情，他经常去东芝各地工厂和营业所里和企业许许多多的员工进行交谈，并乐此不疲。一次，土光敏夫来到川崎的东芝分厂，这一举动给该厂的员工带来极大的鼓舞。因为自建厂以来，这个处于偏僻地方的小厂从来就没有大领导来参观过，土光敏夫的到来，让他们干劲十足。

土光敏夫对下属的尊重不止这些，他对外宣布：自己在总部的办公室完全对员工开放，并规定每天早上的7点30分到8点30分，员工可以因为任何工作问题来找他，他十分欢迎每一位员工和他探讨问题。刚开始的时候，摄于他的身份地位，并没有员工走进这间开放式的办公室，但是土光敏夫耐心等待，半年之后，他的办公室就变得门庭若市。每天早上一到7点30分，公司的同仁，不管是高级工程师还是普通的操作人员，都会积极踊跃地来到社长办公室参与决策，提建议，出方案。土光敏夫耐心地听着，忽而锁眉思索，忽而连连点头。当办公桌上的石英钟数字显示为“8：29”时，办公室顿时安静下来，悄然退出，而后各就各位。这时，土光敏夫也站起身来，敏捷地走到隔壁的会议室，开始自己一天的工作。

多年的管理经验让土光敏夫认识到管理者最重要的责任

就是要为每一位员工提供最舒适的工作环境，让每个人都能发挥自己的工作潜能。基于这种想法，他制定了“自己申报”与“内部招募”相结合的人事制度，即如果员工认为自己在哪个岗位上工作最能发挥特长，可以自己申报，同时，一旦公司内部需要某类人才的时候，先在公司内部员工中招募，借以鼓励员工在公司内部充分流动。这种尊重员工的做法使他受到员工极大的尊重，同时在经营企业、管理员工方面他也收到了极好的效果。在公司的每一位员工都积极展示自己的才能，公司也蒸蒸日上。

有人说：“人性最深切的渴望，是得到别人的尊重。”的确，人是万物之灵，有思想，有人格，有尊严。任何人都希望在社会上有自己的一席之地，没有人希望自己被他人忽视、遗弃或者摒弃。作为公司的一名员工也是如此，唯有让他感觉到领导者没有忽视他、遗忘他，而是尊重他，他才会在工作中充满干劲，以报知遇之恩。

在现代企业管理中，讲究的是“以人为本”。而以人为本强调的是以人为中心的管理，即尊重人、理解人、关心人、依靠人、发展人、服务人。而其核心就是尊重人，因此，领导者一定要理解这一点，尊重理解和关心自己的下属。

尊重员工应做到以下三点：

1.尊重员工的人格

尊重员工就是以信任的心态给员工一定的空间，不要认为只有在你的监管下员工才能完成任务，你要知道，绝大多数员

工是自觉工作的，而你要做的就是在平日多指导、帮助员工提高岗位技能，提高劳动效率。

2.尊重下属的喜好

每个下属都有自己的喜好，有自己喜欢做的事，有不喜欢做的事。领导者一定要注意这一点，不要强制他们做不喜欢做的事情。

3.尊重员工的自我管理

让员工学会对工作负责，自己主动承担工作，提高自我管理水平。在尊重的基础上，员工将会自我认识，自我提高，最终满足自我实现的欲求。

挖掘员工的心理需求，力所能及地给予满足

当今社会，人们之所以去行动、去努力，那是因为他们有自己的需求，为了需求而去做事情。因此，在企业里，领导者要想让员工付出努力，就应该满足他们的需求。企业的领导者要想使员工去行动，并达到一定的效果，首先就要了解员工的相关心理需求是什么，需要多大程度的满足。企业的领导者如能根据员工个人的需求，采取相应的措施，来满足这些需求就可以引导员工的行为朝着企业需要实现的目标而努力。

在这方面，沃尔玛公司做得就不错。

沃尔玛公司非常注重满足员工的心理需求。在公司里，企业的领导者把员工称之为自己的“合伙人”，他们非常注重倾听员工的心理需求。萨姆·沃尔顿曾经对公司的管理者们说：“一定要深入店面，和每一个人合伙人都聊一聊，听听他们都说些什么，往往最好的主意都是他们想出来的。”

有一天，沃尔顿先生凌晨两点半结束工作后，到一家通宵营业的店里去买点心，经过公司的一个发货中心时，他看到一些员工刚从装卸码头回来，于是就和他们聊了一会儿，结果，他发现那里至少还需要两个淋浴间。他如此关心员工，设身处地为员工着想，因此，员工们都亲切地称他为“萨姆先生”。

萨姆·沃尔顿认为，作为企业的领导者，不能总是恐吓、威胁下属，而是应该尊重他们，设身处地地为他们着想，这就需要了解员工的为人，他们的家庭以及面临的困难和心理的需求，只有从心里尊重和赞赏他们，表现出对他们的关心，才能够帮助他们成长和发展，从而使企业获得发展。因此，萨姆·沃尔顿经常会突然驾临公司的基层商店，询问基层员工“你在想些什么”和“你最关心什么”等问题，通过和他们聊天，了解他们的困难以及需求。

在企业里，虽然很多员工从事的是同一个岗位，拿的是相同的工资，但是这并不代表他们的心理需求就相同。由于每个人从小所处的环境的差异性，决定了他们的心理需求不尽相同。有的人之所以奋斗是为了名，有的是为了利，而有的只是为了让生活更充实。因此，领导者要学会挖掘员工的心理需

求，从而“对症下药”，以最小的付出获取对方最大的回报。

周文王在渭水北岸见到了正在直钩钓鱼的姜太公，太公说，用人的道理和钓鱼有些相似之处：一是禄等以权，即用厚禄聘人与用诱饵钓鱼一样；二是死等以权，即用重赏收买死士与用香饵钓鱼一样；三是官等以权，即用不同的官职封赏不同的人才，就像用不同的钓饵钓取不同的鱼一样。姜太公接着说：“钓丝细微，饵食可见时，小鱼就会来吃；钓丝适中，饵食味香时，中鱼就会来吃；钓丝粗长，饵食丰富时，大鱼就会来吃。鱼贪吃饵食，就会被钓丝牵住；人食君禄，就会服从君主。所以，用饵钓鱼时，鱼就被捕杀；用爵禄收罗人时，人就会尽力办事。”

有句话是这么说的：“人没有不自私的，与其让他为你办事，不如让他为自己办事。后者比前者的成功率要高得多。”每个人都有自己特殊的心理需求，如果领导者能够在工作中发现员工这个特殊的心理需求，并充分满足他，他就会乐于效用，乐于效力。

那么，领导者应如何充分了解和把握员工的内心需求呢？

1.经常换位思考

作为领导者，只有经常站在员工的角度去思考，才会真正了解他们的处境以及真实的心理感受，从而挖掘出员工内心的真正需求是什么。

2.对员工的心理需求进行调研

为了挖掘员工的新需求，领导者可以进行一些专门的调研活动，例如，和员工一对一地访谈，做一些问卷调查，圆桌会议，或者进行实地考察，以此来了解员工的动机是什么，工作情绪怎么样，价值观如何，等等，从而准确了解和把握员工的情感、需求以及欲望。

3.多和下属进行沟通

为了了解员工的心理需求，领导者可以直接和下属进行沟通，也可以采取一些非正式的沟通和反馈渠道来了解员工各自的需求是什么，以及不同时期的需求重点是什么。

4.通过外部来了解

领导者还可以通过对员工的家庭、亲戚、朋友以及企业顾客、供应商、离职员工的调查和访谈，来间接了解员工的真实情况。

第5章

显现魄力和魅力，领导者风范使下属乐意执行

领导风范是检验现代企业领导者称职与否的重要尺度，它反映了领导者在下属心目中的形象和分量，体现着下属对领导者的认可程度。一个管理者有领导风范，下属就乐意接受他的指令，并认真执行，如果管理者毫无领导风范，就难以得到下属的尊敬和服从。而一个成功的领导者要想获得真正的威信，树立领导风范，就必须有恩威并施的魄力，有说一不二的魅力，有众所共仰的威慑力。

不反悔，说一不二让下属对你绝对信服

作为一名领导者，说话要做到说一不二，有命令就去执行，有禁规就去阻止，作出的规定绝不轻易改变，只有这样才能让下属对你绝对信服。正如《诗经》中所说，白圭上的污点，还可以磨掉；语言上的污点，就难以磨掉了。

作为领导者，你信守诺言，下属就会信服你，愿意跟随你。反之，如果你自己总是出尔反尔，你的下属又怎会把你的话当回事呢?

普鲁士陆军元帅布吕歇尔是一位说一不二，非常守信义的将军。有一次，他率领大军赶往威灵顿去援助战场上的部队，时间非常紧迫，而此时道路泥泞，战士们又疲惫不堪，队伍实在很难前行。面对这种情况，布吕歇尔不停地鼓励士兵们："孩子们，快点，前进，再快点。"士兵们此时汗流浃背，使尽浑身力气往前走，实在不能再快了。布吕歇尔还是不停地鼓励他们："孩子们！我们必须全速前进，我们必须准时到达目的地。我已经答应了我的兄弟部队，我们绝对不能失信啊！"在他的感召下，士兵们被他信守诺言的精神所鼓舞，一鼓作气，终于准时到达了目的地。

在企业里，一个领导者要想获得下属的信任，就应该像布

吕歇尔将军一样说一不二，对于自己说出来的话，哪怕付出再大的代价也要兑现，绝不反悔。然而，在现实中，有的领导者为了讨好下属，鼓励下属好好工作，对下属提出的要求不管是否合理，能否做到，都一律先答应下来。结果一段时间后，发现下属的要求不应该被满足或者自己无力满足时，诺言无法兑现，这时，下属就会认为领导说话出尔反尔，对其表示不满，时间长了，下属就会把领导的话当耳旁风，不予以理睬。

领导者之所以经常轻易承诺下属，是因为他们认为这是激励员工好好工作的一个方法，也是很容易做到的事情，不费吹灰之力，想说什么就说什么，不仅让听者当时感到很兴奋，领导者自己也备受感染，感觉好的成果就在大家眼前，唾手可得。但是当真正兑现的时候，却发现当初的许诺太过轻率，很多事情是自己根本无法兑现的，结果在下属面前失了威信，日后再想用此方法激励下属已经没有任何作用了。

刘轩在一家灯具公司做销售工作，因为销售一般都是和业绩挂钩的，所以刘轩和其他工作人员一样都非常努力，为公司做出了很大的贡献。对此公司老板非常满意，专门请所有销售人员聚餐。席间，老板先是表扬了所有销售人员，感谢大家为公司所做的贡献，然后，当着所有员工的面，老板信心十足地说："大家好好干，离过年就剩3个月了，只要这3个月大家能够再完成100万的业绩，我保证不会亏待大家的。"听到老板这样说，有位销售人员大胆地问老板："老板，你说不会亏待大家，是不是给我们年终奖翻倍啊？"旁边的几位员工听到这样的提问，都没太当回事，他们觉得这样的要求老板肯定不会答应的，可是就在这时，老板开口了："只要大家能够再完成100万的业绩，我一定让大家的年终奖都翻倍。"听到老板这样的承诺，刘轩和所有销售人员都非常兴奋，他们仿佛已经看到了自己的红包。

在接下来的日子里，为了自己的年终奖，所有销售人员都非常努力，任劳任怨地加班，年底的时候不仅完成了老板要求的100万，还多出了30万的业绩。看到这样的成绩，大家都非常高兴，认为自己的年终奖翻倍是板上钉钉了。可是，在年终大会上，当大家都用期待的眼神等待着老板发红包的时候，却听到老板说："今年大家的表现都非常不错，去年给每人的年终奖是8000元，今年为了让大家过个好年，每人多加1000元。"老板本以为大家会报以热烈的掌声，可是现场却非常安静，没有一个人露出兴奋的表情。

年后正式上班时，老板发现公司的3名销售人员都已经跳槽到其他公司了。

领导者说话出尔反尔，不兑现自己的承诺其实是很容易让下属走向反面的。承诺一出，领导者也许并不觉得有什么，但是下属对其却非常敏感，因为这将关系到他们的切身利益，所以他们会把领导者的承诺时刻记在心间，并在日后工作中不断激励自己，但是当领导者需要兑现承诺的时候，却发现当初答应下属的太草率，根本无法兑现或者兑现起来太困难，后悔当初的承诺，最终不兑现时，下属就会有一种被愚弄的感觉，以

致后期工作状态不佳，对领导者失去信任，对他日后的任何承诺都当耳旁风，激发不起自己的工作热情。

因此，作为领导者，要想在下属面前建立起威信，就一定要在承诺之前深思熟虑，对自己能否兑现承诺作出合理的判断，切忌不假思索、不切实际地胡乱许诺。否则，既伤害了下属的感情，又使自己在对方心目中的形象全毁。

杜嘉法则：领导者需要以身作则

所谓的杜嘉法则，是由美国疾病研究中心教授L.杜嘉提出来的，内容是这样的："你的下属一看你的行动，便明白你对他们的要求。"反映出下属的一种对上司观望的普遍心理，或者说是一种对上司的注目和意会。杜嘉法则运用在企业管理中，就是要求领导者要以身作则。

俗话说"身教胜于言传"，又有"榜样的力量是无穷的"。就如带兵打仗，作为将领的你应该冲锋在前，身先士卒。只有这样，跟随在你身后的士卒才能奋勇直前。如果大敌当前，你先逃跑，那么身后的士卒又岂有不跑之理？所以在行伍中有个说法，就是要想知道一个连队的兵如何，只要看看他的连长就行了。

同样的道理，一个公司的作风如何，只要看看公司的领导者的作风就可以了。如果公司的领导者拖拖拉拉，这个公司绝

对不会有太大的生气。所以，上行必有下效，领导者要确保以身作则，注意检点自己的言行。

著名企业家土光敏夫曾经在1965年担任东芝电器社长。当时，东芝电器公司可谓人才济济，但是由于组织过于庞大，层次太多，再加上公司管理不善，员工各个比较松散，公司绩效很低。土光敏夫接管之后，为了重建东芝，他首先提出了一个口号："普通员工要比之前多动动脑子，至少要多用3倍的脑子，董事则要10倍，而我本人有过之而无不及。"

土光敏夫认为要想让这一口号不止挂在嘴上，他就必须以身作则。他每天提早半小时上班，并在上午7点30分至8点30分的一个小时里，欢迎员工与他一起动脑，共同来讨论公司的问题。

为了杜绝浪费，土光敏夫借用一次参观的机会，给东芝的董事上了一堂课。那天，一位董事准备参观一艘名叫"出光丸"的巨型油轮，由于土光敏夫已经参观多次，所以决定由他带路。那一天是假日，他们约定在某车站门口会合。土光敏夫准时到达，那位董事乘公司的车随后赶到。董事说："很抱歉，社长先生，让您久等了，不如我们就搭您的车前往参观吧！"土光敏夫面无表情地说："我并没有乘公司的轿车，我们两个去搭电车吧！"董事当场愣住，他原以为社长也是乘公司的专车来的，当场羞愧得满脸通红。

这件事情很快就传遍了整个公司，上上下下立刻心生警惕，不敢再随意地浪费公司的物品。后来，由于土光敏夫以身作则的点点滴滴的努力，东芝电器的情况逐渐好转。

行为是无声的教导，榜样的力量是无穷的。任何语言上的鼓励和训示，都比不上以身作则的效果。身为企业中的一名领导者，要想管理好自己的员工，必须先管理好自己，这就要求领导者自身要付出加倍的努力和心血，以身示范，才能激励士气，真正起到模范带头作用，就如同上述故事中的土光敏夫一样。领导者只有真正地做到以身作则，才能拥有强大的威信，才能得到员工的爱戴，才能带出强大的队伍。

美国企业界的“英雄人物”艾克卡就任美国克莱斯勒公司经理时，公司正处于一盘散沙的状态。他认为经营管理人员的全部职责就是动员公司的所有员工来振兴公司。在公司最困难的日子里，艾克卡主动把自己的年薪由原来的100万美元降到1000美元。榜样的力量是无穷的，很多员工也都像艾克卡一样，不计报酬，团结一致，自觉为公司勤奋工作。不到半年，克莱斯勒公司就起死回生了。

在上述故事中，艾克卡以身作则，通过主动降低自己的年薪，在企业广大的员工中起到了很好的表率作用，领导企业成功地度过了危机，再一次向世人证明了“榜样的力量是无穷的”。

作为企业的领导者，只要严格要求自己，处处以身作则，不仅在员工之中能起到表率作用，还有助于领导者本身威信的建立，更有助于领导者管理员工。如果领导者本身工作就懒散，每天都迟到，那么，他在批评员工的时候，员工们就会想：你自己都做不到，有什么权利说我？所以，作为领导者，必须身先士卒，做好表率，真正地做到以身作则。

总之，对于企业的领导者而言，如果不能以身作则，不能自律，就不能以德服人、以力御人，如果在企业中无法取得员工的信赖和认可，将必败无疑，更算不上好的领导者。一位优秀的领导者必须懂得，要求下级和员工做到的事情，自己必须首先做到。只有领导者以身作则，才能成为下级和下属们的榜样，才能万众一心，带领企业走得更好、更远。

刺猬法则：与下属保持适度距离，才更有影响力

“刺猬效应”来源于西方的一则寓言，是说在寒冷的冬天里，两只刺猬相依取暖，一开始由于距离太近，各自的刺将对方刺得鲜血淋漓，后来它们调整了姿势，相互之间拉开了适当的距离，不但互相之间能够取暖，而且很好地保护了对方。

刺猬法则强调的就是人际交往中的“心理距离效应”。运用到管理实践中，就是领导者要想做好工作，就应该与下属保持一种不远不近的恰当合作关系。换句话说，就是领导者应当达到这样一种境界：你的下属既想和你在一起工作，但在心里又有点害怕你。也许你觉得这似乎有些矛盾，其实不然，这是领导权威的一种境界。一般来说，一位领导者不能很好把握与下属之间的距离，在下属眼里建立不起威信，主要有以下三种情况：

（1）下属非常害怕他的领导，在下属眼里，领导只有威，没有信。

（2）下属非常喜欢他的领导，经常和领导打成一片，过于亲密，从而使上下级之间失去了应有的原则，导致工作无法正常开展。

（3）下属不喜欢他的领导，不愿意听领导发号施令，这种情况是最糟糕的，在这种情况下，领导没有任何威信可言。

在现实中，前两种情况较多，下属对领导的态度在“喜”与“惧”两者之间变换，如果稍有偏向，领导者就没有足够的威信。

和下属保持一定的距离，既可以避免下属对领导者有防备心，避免下属看见领导者过度紧张，又可以减少下属对自己的恭维、奉承甚至行贿等行为，除此之外，还可避免下属对自己称兄道弟，吃喝不分，何乐而不为呢？和下属保持一定的距离，这样既能获得下属的尊重，又能保证领导者在工作中不丧失原则。因此，作为领导者，要做到“疏者密之，密者疏之”，这才是真正的成功之道。

那么，领导者应该如何和下属保持适度的距离呢？

1.与下属保持适当的心理距离

通过“刺猬法则”，我们了解到，只有保持适当的距离，才能够互相取暖，而又不伤害到对方。将其运用到管理学中，意思就是领导者应该和下属保持亲密的关系，但是必须“亲密有间”。试想一下，如果领导者和下属总是亲密无间，则很容易导致彼此之间称兄道弟，不分你我，失去工作原则。因此，领导者应该与下属保持适当的心理距离，既要表现出自己的亲和力，又要让对方对你产生敬畏感。

通用电气公司的前总裁斯通在工作中就很注意身体力行刺猬法则，尤其是在对待中高层管理者更是如此。在工作场合，斯通非常关心下属，在待遇方面也从没有吝啬过，但是在工作之余，他从不要求公司的中高层领导到家做客，也从不接受他们的邀请。正是这种保持适度的心理距离的管理，使得通用的各项业务步步高升。

2.把握恰当的时间距离

和下属之间不仅要保持适当的心理距离，而且要保持恰当的时间距离。在企业里，每个员工都有属于自己的时间，如果作为领导的你总是无故占用下属的时间，会让对方认为你不尊重他，无形中影响了你们之间的感情。例如，在下属工作的时候，你总是待在他的身边，必定会使下属感到厌烦。试想一下，如果总有一个人在你的身边影响你的正常工作，你的工作效率会提高吗？

因此，领导者应该和下属保持恰当的时间距离，例如，领导者给下属布置完任务，要给下属一定的时间来完成；每次领导和下属单独相处时，应注意时间不宜过长，等等。

3.适度运用“空间侵犯”

曾经有位心理学家做了这样一个实验：一天，某图书阅览室刚刚开门，一个读者走进去坐在某个位置上，心理学家紧随

其后走进阅览室。这个时候有很多位子可以选择，而心理学家偏偏坐在了这个读者的身边。这一举动使这位读者很反感，但他没有吭声而是重新选了个位子。这样的实验心理学家进行了整整80次。结果他发现，没有一个人能够容忍陌生人紧挨着自己坐。每当心理学家挨着他们坐下时，这些被试者要么起身离开，换个座位，要么直接质问他："你想干什么？"

由此可见，没有人可以容忍别人闯入自己的空间。人与人之间，即使是最亲密的两个人，也应该和对方保持一定的空间距离，因为任何一个人，都希望掌控周围那个属于自己的空间。

而作为领导者，你可以尝试一下，适度运用一下"空间侵犯"。例如，在开会的时候，如果发现下属心不在焉、开小差，可以适当走近他，让他的空间受到适度的侵犯，提醒他集中注意力；在工作的时候，你可以借故偶尔出现在员工身边，让员工知道，如果上班不认真对待工作，做一些与工作无关的事情，就很有可能被发现，从而使他们养成自觉工作的习惯，等等。

恩威并用，方能御人

"恩威并用"一向被人们认为高明的领导手段，也有人将它比喻成胡萝卜和大棒，不管人们如何表述，揭示的都是一个道理：激励和约束必须同在。这种手段用好了，不但能增加领导者的威信，还能增加领导者的亲和力。赞扬未必总伴随着批评一起出现，然而，作为领导者的武器，两者缺一不可。仅会使用“奖”或仅会使用“罚”的领导者必然是一个失败的领导者。

有时候，如果领导者认为有必要给犯错误的下属一个教训，不妨爆发一次。但是，领导者必须确认自己是正确的，没有冤枉下属，同时注意，批评的语言不能过于苛刻。这电闪雷鸣的一击将给下属留下深刻的印象，有助于更好地树立领导者的权威。不过，受到批评的下属可能会对领导者产生不满的情绪，甚至是抱怨、痛恨。所以，事后领导者一定不要忘记给予补偿，要找下属单独谈话，给他申辩的机会，给他改正的机会，想必他一定会接受，会更加地敬重你的人品。这样下属也会认为你是在真心帮他，而不是在故意整他。

古代马力罗莱王国有一名叫哈雷斯的将军，这位将军治国有道，军法森严，甚至可以说十分苛刻。

某一日，他巡视军营时，发现有一名下级军官军容不整，他立即召集手下所有军官，当着所有人的面给这个军官一顿声色严厉的怒斥，全军上下为之肃然，受批评的军官感到十分尴尬。可是，第二天，挨骂的那位下级军官却被传唤到了哈雷斯将军的营帐之中，将军对他笑脸相迎，向他道歉，检讨自己昨天由于一时的冲动，当着众多人的面说了一些过分的话，希望这位下级军官能够原谅他。哈雷斯将军的话刚刚说完，这位下

级军官就激动得热泪盈眶，表示自己以后绝对严格遵守军纪，并且坚决效忠将军。

这位叫哈雷斯的将军巧妙地运用了恩威并施的批评手段，通过公开批评的“雷霆一击”，不仅整肃了军纪，而且在部下心目中树立了自己的威严形象；此后又在暗中召集了部下，对其进行道歉，化解了被批评者对自己的怨恨。

由此可见，一个优秀的、成功的领导者，无疑是个恩威并施之人。只有恩，没有威，不可能取得事业上的成功，也不可能培养出人才；而只有威，没有恩，则很难使人心服口服，反而会使人望而生畏，不敢跟随。只有恩威并用，才能够育人、用人。

那么，领导者应该如何做才能实现恩威并用，才能更好地管理下属呢？

1.明确岗位职责

作为领导者，一定要明确岗位职责，让下属知道什么事情该做，什么事情不该做。严格规范工作流程，保证下属按照标准化的程序工作，以此杜绝下属想做什么就做什么，随心所欲的不规范行为。当下属明白工作做到什么程度，达到什么标准才算合格时，就能清楚自己哪方面能够胜任，哪方面存在不足和缺陷。

2.执法必严，行法有效

每个公司都有自己的规定和纪律，如果领导者做不到执法必严，行法有效，那么那些规定和纪律就只是“写在纸上，挂在墙上，说在嘴上”的摆设。因此，有法必行才能真正树立领导者的威信，真正发挥惩罚本身的效能。正如孙膑所言：“罚者，所以正乱，令民晨上也。”所以，领导者对于那些无视纪律，违章乱纪的员工不能光是正向引导，对于那些触犯组织行政法令底线的员工必须严管、重罚，给予下属严厉的惩处以警示其他员工。必要的时候需要采取降职、离职的手段，以保证整个组织的效率。

3.必须有命令和批评

领导者一定要令行禁止，不能始终都对下属客客气气，维护自己和平谦虚的形象。必须拿出领导者的威严来，让下属知道你的命令是正确的，必须不折不扣地执行，另外，领导者要树立威严还需在给下属布置任务时，明确要求对方什么时候完成，达到什么标准，并随时检查下属进展的情况。

4.对下属要有人情味儿

有了威，还必须有恩，而恩就是要对下属有人情味儿。人情味儿无外乎就是领导者要有亲切的话语和优厚的待遇。例如，一些身居高层的领导者会记得只见过一、两次面的下属，当在电梯口或者楼道里遇见时，会面带微笑并叫出对方的名字，这无疑会让对方受宠若惊；一些领导者在批评完下属之后总会说一些安慰对方的话，让下属明白领导者不是在批评他，而是在关心他。当然，优厚的待遇更会让下属感受到企业的人情味儿，这就需要领导者根据企业的情况和能力，尽可能多地满足下属物质上的需求。

5.多开展一些培训、学习活动

对于员工来说，领导者对自己的关心除了语言和待遇方面外，能力提升也是非常重要的一方面。因此，领导者应多开展一些培训、学习活动，如职业道德培训、技术技能培训、专业知识培训等，让员工有成长的空间。

总之，有威，下属才会敬畏你，工作中不敢马虎敷衍；有恩，下属的心理需求才能得到满足，觉得跟这样的领导者干更值得！恩威并用，实现平衡，才能更好地驾驭下属，充分开发他们的才能。

处变不惊，遇事时永远是员工的主心骨

苏洵在《心术》中这样写道："泰山崩于前而色不动，麋鹿兴与左而目不瞬。"冷静的心态往往是一个人成功的必要因素。从古到今，但凡成功之人，大多都会遇事不慌、沉着冷静，处变不惊，因为只有这样，他们才能够临危不乱，正确地对形势作出判断，从而正确应变形势，取得成就。

一般来说，人们只要不是处于极度疯狂或者非常愤怒的情况下，都能够保持冷静，能够自制，并且作出正确的判断和决定。如果一个人在任何情况下都能够保持头脑冷静，那么，即便真的大难临头，也能逢凶化吉，转危为安。

杰克是美国一位飞机老驾驶员，有着丰富的飞行经验，曾

在一次采访中介绍了他的飞行史中最不平常的经历：在第二次世界大战时，他是F6型飞机的驾驶员。一天，在接到战斗命令后他们从航空母舰上立刻起飞。他按要求把飞机升到距离海面300英尺的高度做俯冲轰炸，300英尺在今天可能不算什么，但在当时，这已经是飞机能达到的最大高度了。正当他以极快的速度下降并开始做水平飞行时，飞机左翼突然被击中，整架飞机翻了过来。人在飞机中，是很容易失去平衡感的，尤其是在天和海都是蓝色的时候。飞机中弹后，他需要马上判断他的位置，以便决定他应该向上还是向下操纵他的飞机。

在飞机中弹的最初一瞬，在那生死攸关的关键时刻，他什么也没有做，没有去碰驾驶舱里的任何控制开关，他只是强迫自己冷静思考，决不能激动。于是，他发现蓝色的海面在他的头顶上，他知道了自己的确切位置，知道了自己的飞机是翻转的。这时，他迅速推动操纵杆，把位置调整过来。在那一瞬间，如果冲动地依靠他的本能，一定会把大海当成蓝天，一头撞进海里葬身鱼腹。这位老飞行员在回忆时，语重心长地感慨道："是我的冷静挽救了我的性命。"

的确，当时这个飞机驾驶员在机翼被击中后，如果不能冷静下来，只是胡乱地按飞机的各种操作按钮，那么，那次飞行无疑是他最后一次飞行。

对于企业中的领导者而言，也应该像那位飞行员一样，遇事沉着冷静，有大将风度，处乱不惊，要勇敢地担当起员工

“主心骨”的角色，不能自乱阵脚。百事可乐公司在1993年的“针头事件”中，正是由于领导者处乱不惊、果断冷静地处理问题，最终使公司得以化险为夷。

事情是这样的：西雅图的一位家庭妇女从超市买了两罐百事可乐给孩子喝，孩子喝完后随手将罐子扣在了桌子上。这时候，竟然倒出了一枚注射器的针头。这位家庭妇女大惊失色，立即向新闻媒体揭露此事，可口可乐公司也趁机大肆宣传自己的产品，一时间，百事可乐无人问津。

面对媒体和公众的质疑，百事可乐公司当机立断，一方面通过新闻界向那位家庭妇女道歉，并给予她一笔可观的奖金，感谢她对百事可乐公司的信任，感谢她帮助百事可乐公司把了质量关，同时，通过媒体向广大消费者宣布：谁若在百事可乐的产品中发现类似的问题，必有重奖。另一方面，百事可乐公司更加重视生产线上的质量检查，并请那位发现针头的家庭妇女参观工厂，使这位家庭妇女亲眼看到百事可乐的可靠质量。这种做法，不但使那位家庭妇女消除了疑虑，而且还对百事可乐给予了很高的评价。媒体和公众也都对百事可乐公司的这一做法表示了肯定，最后，百事可乐公司成功地化解了这场“针头带来的危机”。

很明显地，在面对危机时，百事可乐公司的领导者正是由于当机立断，处变不惊，冷静地处理“针头危机”，从而控制了事态的发展。如果在面对这场危机时，百事可乐公司的领导者有丝毫的犹豫不决，或者等待观望的行为，那么就会使事态进一步扩大，变得难以处理。

处变不惊不仅仅是一种处世态度，更是一种能力。从古到今，能够成就大事业的人，都是那些在关键时刻能够沉着冷静、机智果断地分析问题，作出正确抉择、脱离逆境的人。因此，作为企业中的领导者，要勇于面对工作上的各种有形或者无形的压力，应该时刻保持冷静，控制好自己的情绪；需要遇事冷静、不急不躁，胜不骄、败不馁的稳定心理素质，只有这样才能在逆境中保持信心，冷静思考，沉着应对，转败为胜；只有这样才能在顺境中保持头脑清醒，认清现实，才能思考如何处理问题，使问题得以解决。

热炉法则：纪律面前人人平等

当人们用手去碰烧热的火炉时就会立刻被烫，而火炉绝不理会被烫的人是贵贱还是亲疏。当把这种“热炉现象”引用到企业管理中，就会出现规章纪律面前人人平等的局面。

纪律是企业对员工行为的一种约束，是确保员工做事正确、行动有效并且执行到位的有力武器。领导者在执行纪律时，绝对不能因人而异，更容不得半点仁慈和怜悯，否则，纪律将只是一个摆设。

希尔顿饭店的经营理念是“最低的收费，最佳的服务”。

这也是希尔顿先生引以为傲的经营理念。在为顾客提供最佳服务时，希尔顿先生坚持要求全体饭店员工必须做到“和气为贵，顾客至上”，他谆谆告诫员工，要尽自己最大努力为顾客提供优质服务，饭店的一切都应从“方便顾客，让顾客满意”的角度出发。

一次，有一位经理在解答顾客问题时，态度比较生硬，最后和顾客争吵了起来。尽管这位经理平时工作很努力，管理经验也很丰富，但是这次与顾客的争吵，却让他丢了饭碗。这位经理很不服气，他找到希尔顿先生希望其能够改变主意。但是希尔顿先生却严厉地说：“你违背了饭店原则，即使你再优秀，也不适合待在这里。”

当下属违反了公司的规章制度和经营政策，就是不遵守公司纪律。对此，领导者应该照章办事，不能因为曾经的优秀而姑息迁就，任其为所欲为。只有这样，才能为自己树立权威，为企业严明纪律，让员工信服并且遵守执行。

这种惩罚原则其实就是“热炉法则”。当下属在工作中违反了纪律，就像碰触了一个烧红的火炉，一定要让他受到“烫”的处罚。在企业里，实行“热炉法则”主要有四个好处。一是即刻性。即当你一碰到火炉，就会立即被烫伤。二是具有预警性。只要一看到烧红的火炉，就知道碰触它会被烫伤。三是具有均等性。即不管是谁，只要碰触火炉，无一例外，均会被烫伤。四是具有执行性。烫伤之苦不容商量，只要谁敢碰触火炉一定会尝到苦头。

显而易见，在管理工作中，实行热炉法则可谓好处多多，那么，领导者应该如何做才能更好地实现“热炉法则”呢？

1.及时作出反应

当下属做出违反规定的事情时，领导者应及时对其进行训导，制止这种事情的发生，否则就会减弱训导活动的效果。下属出现过失后，领导者及时对其进行训导，下属就会觉得是自己办事不力，而不会认为是领导跟自己过不去。而如果领导者不及时训导，下属就很有可能一错再错。此外，领导者这样做就等于在告诉其他员工，你并不在乎他们的工作成绩如何，以及工作态度怎样。试想一下，领导者都不在乎，你的手下又怎会在乎？其结果只会一错再错，受到损失的仍然是这个组织。

2.提前给下属说清楚

领导者在进行正式的训导活动之前，应该首先让下属了解公司的规章制度，并让他们接受公司的行为准则。如果下属明白哪些行为会招致惩罚，并且知道会受到什么样的惩罚时，他们更有可能认为训导活动是公平的。打个比方，公司里有规定，如果员工迟到超过3分钟就应罚款10元。某员工刚来没几天，对此并不了解。所以当他第一次迟到时，领导者应该给予对方警告，并向他说明规章制度的内容，而下次当他再迟到时，就应该对其进行惩罚了。

3.行使权力须一致

要想对下属公平，那么训导活动一定要具有一致性。如果面对违规，领导者行使权力不一致，就会使规章制度丧失效

力，使下属的工作士气降低，下属也会对领导者的工作能力产生怀疑。另外，下属会因此产生不安全感，从而使生产力受到影响。当然，一致性并不是说对待每一个人都必须完全相同，而完全忽略环境因素的影响。但是，当训导活动对不同下属显得不一致时，作为领导的你有责任对此提供合理的解释。

一家合资企业根据热炉规则制定了严格的规章制度，但是第一次实施就令领导者左右为难。一位中方员工由于疏忽，给公司造成了损失。按照规定必须受到惩罚，但领导者却犹豫不决，不知如何是好。原来，那位员工是外方经理的妻子。而中国文化历来是人情大于原则，这个领导者觉得实在难以拿经理妻子“开刀”。但如果不按规章制度行事，就必然会引起其他员工的不满，员工们会认为这个无私的规章制度其实只是个摆设，如果真的实施起来，会得罪人的。

无奈之下，这位领导者把情况汇报给经理，没想到经理对他汇报这件事感到很惊讶：“这么简单的一件事，你直接按规章办不就可以了吗？不用请示我了。”这位领导者如释重负地走出了经理办公室。

在火炉很烫的时候，它不会因为你是领导者或者你和别人与众不同就不烫你，只要你去碰它，它就一视同仁。当然，人毕竟不是火炉，很难做到和所有的人感情都一致。但是作为领导者，要想公正，就必须按照规章制度来行事，决不可根据个人感情、个人意识和人情关系来行使手中的奖罚大权。

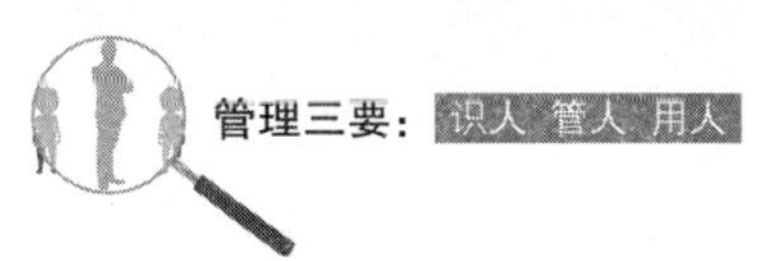

4.对事不对人

通过对热炉法则的研究，我们知道对下属训导还应做到对事不对人。处罚应该和下属的过错相联系，而不应该和下属的人格特征相联系。也就是说，领导者在训导下属时，应该针对他的行为，而不应该针对他本人。打个比方，某位下属经常迟到或早退，作为领导者你应该指责他的行为增加了其他同事的工作负担，或者影响了团队的工作士气，而不应该指责他行为自私或者不负责任。要明白，你要惩罚的是违反纪律的行为而不是个体。而一旦处罚已经实施，你必须尽快将其忘记，跟处罚之前一样对待下属。

第6章

知人善用，把握员工心理方能人尽其能

一个领导者是否优秀，不在于他的职位有多高，而在于他能否慧眼识人、知人善用。事业是人才创造的，一个领导者识人、用人的水平有多高，能否找到人才和工作的最佳结合点，直接决定了企业发展的程度和领导者自身成就的大小。然而，现实生活中，常见一些领导者为得不到人才、留不住人才而苦恼。事实上，只要明白人无全能、物无全用的道理，充分把握员工的心理方能做到知人善用，人尽其能。

优势效应：了解员工，发挥每个人的优势

每个员工都有自己的优点和缺点，都有自己的优势和劣势，没有十全十美的员工，也没有一无是处的员工。只有发掘员工的优势，避免员工的劣势，才能最大限度地调动员工的积极性，使其创造出最大的价值。对于一个领导者而言，学会发挥下属的优势，才能成为一个真正的管理者。

小刘是一名职场新人，大学毕业后他应聘到了一家公司的市场部。他暗暗下定决心，要尽快成长，干出成绩。

第一年结束的时候，小刘被告知要交年终总结。他想了想，写什么呢？

小刘想起了发生在上个月的一件事。那天，他被部门主任安排到某百货商场门口做促销，方案是企划部制定的，他们只需按计划执行即可。看到方案，小刘愣了，因为这次促销的产品还是公司的护手霜。而小刘记得上次促销时，他特意宣传了一下即将推出的新产品——柔肤水，发现很多顾客表示感兴趣。回公司后，他专门写了一份报告呈给主任，而主任也欣然同意下次促销就赠送一些柔肤水的试用装。想到这里，小刘犹豫了，是主任忘了，还是有其他的想法？最后，他还是鼓起勇气问了主任。主任恍然大悟，他加快脚步跑到企划部下达新指

令。接着，企划部、物流部以及行动小组都开始加班。直到晚上10点，才把一切准备工作做完。准备工作结束后，小刘在电梯里和物流部、企划部的同事相遇。电梯很挤，他很不好意思，为了自己的一句话，连累这么多人加班。这时，中间有一个人说："幸亏改得及时，若是等到明天促销时才想起，就难办了。"面对此种情况，没有人抱怨，没有人追究加班的原因，小刘很感动。他在电脑上敲下一行字："我深深体会到，一个公司需要一个团队的合作和努力，我希望在新的一年里，能够更好地和同事合作。"

第二年写年终报告时，他沿着去年的思路想下去，发现其实和同事相处也很辛苦，日子久了，才发现每个人都有或多或少的缺点。有的人小气，有的人拖沓，有的人好表功，有的人好抱怨，如果和他们缺点相撞，杀伤力真大。他真不愿意这样消耗啊！

小刘一边写，一边思索。忽然他灵光一现：每个人的缺点我看到了，每个人的优点我也看到了啊。比如，有的人总是对工作充满激情，有的人做事很稳重，有的人急躁却很讲效率，有的人得到了表扬灵感就格外的多……如果大家都发挥他们的优点，应该是很愉快的合作啊。他在电脑上噼噼啪啪地敲了一行字："我希望和这些优秀的同事在一起，精诚合作，把自己的优点也发挥出来，共同将我们的事业推进。"

主任拿着小刘的总结看了好一会儿，老总看到小刘的总结时也多审视了片刻。老总让小刘到办公室谈了几句闲话，在小刘干脆利落地转身走出办公室后，微微笑了。接着，新年后第一天上班，小刘被任命为市场部主管。作为主管，就要善于发掘每个员工的优势，调动每个人的积极性。老总知道，小刘已经具备了一个主管的素质。

这是小刘从职场新人成长为一位团队领导者的过程。而“善于发掘每个员工的优势，调动每个人的积极性”是他成为领导者的催化剂。

当然，懂得发挥员工的优势才能具备领导者的素质，重要的是在日常的管理工作中做得好。具体而言，领导者要重点管理好以下几类员工，让他们持续发挥自己的优势。

1.学会优化“万能胶”型员工

“万能胶”型的员工有着很明显的优势，那就是他们的适应能力很强，行动力也很强，但他们的缺点是没有突出的能力，喜欢随遇而安。面对这样的员工，领导者要做的是帮助他们定位，为他们设计工作方向。例如，可以给他们安排一些需要立即执行的短期任务，或者给他们安排一些新任务，这样他们就会在新任务中找到舒适感，从而感觉到自身能力的价值。

2.学会优化“知心人”型员工

“知心人”型员工的主要特点是成就意识和执行力非常强，同时他们具备很强的技能和才干。作为领导者，你需要做的是让他们感觉到自己很重要，不要担心因为时常让他加班而使他们不高兴，其实这样的员工比较喜欢忙碌，如果你让他们闲下来，他们反倒没有安全感。

3.学会优化“工作狂”型员工

“工作狂”型的员工通常善于沟通，能够建立良好的社会关系。不管是和内部同事，还是和外部员工，他们都能够很好地沟通。因此，对于这类员工，领导者不妨让他们担任团队的润滑剂、传播者或者纽带。

横山法则：让下属自觉遵守纪律

日本著名的社会学家横山宁夫在他的著述中提出过这样的观点：最有效并且持续不断的控制不是强制，而是触发个人内在的自我控制。这就是著名的“横山法则”。

优秀的企业领导者不会强硬地要求员工做些什么，而会巧妙地引导员工进行工作，触发员工自我管理的能力，过分地约束只会适得其反。

提到软件，相信很多人脑海里闪现的第一个词就是“微软”。能够去微软工作可以说是很多IT人梦寐以求的事情。原因何在？那是因为微软不仅有过硬的硬件支持，而且还给自己的员工提供自由发挥的空间，使员工的自我价值得到最大的实现。

微软公司的企业文化强调充分发挥人的主动性，它给员工做事的权利和自由，让员工有很强的责任感。换句话说，微软的工作方式是“给你的任务是抽象的，而你需要具体地去完成”。对此，微软中国研发中心的桌面应用部经理毛永刚深有体会。毛永刚刚进微软时，他只得到一个大概的资料，没有人告诉他该如何做，用什么工具。他与美国总部交流沟通后，得到的答复是一切靠自己去做。正因为此，微软的员工才能发挥出最大的主动性，设计出最满意的产品。

在微软，没有特权，人人平等，即便微软的创始人比尔·盖茨也只是后来才有了自己的一个停车位。以前他来公司晚了，就只能到处去找车位。正是这种公平和富有挑战性的工作环境，促使微软员工们的工作热情十分高涨。

微软之所以能始终充满活力，能在竞争中长期立于不败之地，很大一部分原因都在于企业对员工的这种自我管理方式。增强员工的自主控制可以大大提高工作效率，这一点不仅在微软得到了证实，同样受到了国内很多企业的重视。青岛澳柯玛集团在这一点上就做出了非常好的成绩。

青岛澳柯玛集团的管理始终恪守以人为本的原则，他们的企业文化强调善待员工，特别注重通过人性化管理和为公司谋福利来求共同发展。这些年来，公司对员工的关怀可谓无微不至。他们帮助员工解决住房、对员工进行技术培训，改善员工工作环境，为困难员工实现救助，总之，凡是员工在工作、学习以及生活中有要求的，他们都会尽最大努力去做。据了解，从1995年至今，澳柯玛仅仅为了解决员工住房问题就拿出了1.7亿元。

当今社会，员工和企业是利益的共同体。企业善待员工，

员工自然会对企业充满感情。在公司里，员工们不仅有很高的工作积极性，而且自我管理能力也很强，尤其是特别愿意主动给企业出谋划策。据统计，短短3年时间里，澳柯玛公司的员工提出的合理性建议就有3200多条，而被采纳的高达1560条，为企业创造经济效益达6300万元。如今，澳柯玛每年销售收入的增幅都在20%左右，职工人均年工资收入也远高于当地平均水平。

有自觉性才有积极性，无自决权便无主动权。在企业管理过程中，很多领导者为了更好地管理下属，往往采用约束或者压制对方的方法，结果发现，这样的管理方法不但没有提高员工的工作效率，反而使他们的工作积极性降低。而员工的积极性一旦调动不起来，规矩越多，只能使管理成本越高。一个优秀的企业领导者明白，真正的管理应该在“尊重”和“激励”上下工夫，多了解员工的需求，然后尽力满足。只有这样，才能使员工对企业以及自己的工作充满认同感，从而激发他们的自我管理能力，使他们变消极为积极，自觉遵守公司的纪律。

那么，如何能够提高员工的自我管理能力，使他们自觉遵守公司纪律呢？这就要求领导者处处从员工利益出发，善待员工，为他们解决实际问题，在尊重他们的同时，为他们提供发展自己的机会，给他们营造良好的工作氛围。只有这样，员工才会和公司融为一体，从而达到自我管理和自觉遵守公司纪律的状态。

二八法则：重点培养公司的核心人才

所谓“二八法则”，是19世纪末20世纪初意大利经济学家巴莱多发现并提出来的，因此又称为巴莱多法则。巴莱多指出，在任何一组东西中，最重要的只占其中一小部分，约20%，其余的80%尽管是多数，却是次要部分。通过“二八法则”，我们明白，不管是在投入与产出之间还是努力与收获之间，或者原因和结果之间等，都普遍存在着一种不平衡关系。往往关键的少数决定着整个组织的效率、产出、盈亏和成败。

同样，在人力资源管理中，“二八法则”也具有重要的指导意义。学会运用这一原则，企业就可以以较小的人力成本来实现较高的效益。

在企业的人力资源管理中，我们常常发现“二八法则”的存在。例如，我们惯常的观念是，为企业的发展做出主要贡献的是公司的大部分员工。实际上，大部分员工（80%）看起来都很忙碌，但并没有为公司创造多少利润；为企业或公司做出主要贡献的其实是小部分员工，是这20%的员工为公司创造了大多数利润。因此，领导者一定要抓好这20%的核心员工。

三国时期，刘备兵微将寡，难成大事，为此他求教于水镜先生。水镜对刘备说：若求才，就求卧龙、凤雏这样的人才，只要得到二人中的一个，就可以安定天下了。之后，刘备三顾茅庐，请到了卧龙诸葛亮，事业果然蒸蒸日上，成就了三分天下的霸业。

刘备之所以能成就三分天下的霸业，正是抓住了诸葛亮这位“核心员工”，这位核心员工不仅没有令他失望，还为他的“公司”创造了巨额的“利润”。可见，企业中确实有很多岗位，但真正起重要作用的却是少数的关键岗位，如总经理、营销总监、各位部门负责人、关键岗位技术负责人员等，这些岗位人员在企业发展过程中担负着企业发动机的作用，是否对这些岗位人员进行重点培养或照顾决定了企业的兴衰成败。

美国企业家威廉·穆尔在为格利登公司销售油漆时，头一个月仅挣了160美元。他感觉非常纳闷。于是他仔细分析了自己的销售图表，结果发现他80%的收益却来自20%的客户，但是他之前却对所有的顾客花费了几乎同等的时间，他明白这就是他失败的主要原因。于是，他重新制订销售计划，把他最不活跃的36个客户重新分派给其他销售人员，而自己则把所有的精力都放在最有希望的客户身上。不久，他的月薪就达到了1000美元。懂得了“二八法则”的穆尔，连续9年都在运用这个法则，这使他最终成为凯利—穆尔油漆公司的董事长。

其实懂得运用“二八法则”的人还有很多。例如，通用电气公司的领导者始终认为奖励是第一位的，它的薪金和奖励制度使员工们工作得更快，也更出色，但只奖励那些完成了高难度工作指标的员工。诺基亚公司的高层管理者也信奉“二八法则”，他们为最优秀的20%的员工设计出一条梯形的奖励曲线。

在任何一个公司中，都有一少部分人从事着重要的工作。他们或是掌握着公司的核心技术，或是承担着开拓市场的重任，或是公司经营项目的决策者。离开了他们，公司寸步难行。他们就是决定企业前景的核心员工。就连微软总裁比尔·盖茨都曾经开玩笑地说："谁要是挖走了微软最重要的几十名人才，微软可能就完了。"盖茨的玩笑揭示了一个重要的市场规则：企业能否留住并重用核心员工，将是一个企业持续成长的决定性因素，因为核心员工是一个企业最重要的战略资源，是企业价值的主要创造者。

对核心岗位上的核心员工来说，基本的生活问题已经解决，对他们而言，更重要的一是社会认同感，二是自我实现。因此，只有对核心员工提供满足这两种需要的条件或机会，才可能产生有效激励。这些条件或机会主要包括：获得荣誉、提升地位、受到尊重；分享决策权、管理权；进修提高业务水平；确定的、令人满意的个人职业发展计划；发挥潜能、实现个人价值；等等。

乔布斯法则：学会网罗一流人才

"一个出色的人才能顶五十个平庸员工"，这是美国苹果公司的前老板、"管理奇才"史蒂夫·乔布斯的一句名言，从而发展为"乔布斯法则"，风靡中西方管理界。乔布斯说，他花了半辈子时间才充分意识到人才的价值。他在一次讲话中

说：“我过去常常认为一位出色的人才能顶两名平庸的员工，现在我认为能顶五十名。”由于苹果公司需要有创意的人才，所以乔布斯说，他大约把四分之一的时间用于招募人才。

一个高级管理人员往往能更好地为人才介绍公司的远景目标。而对于一个刚刚成立的充满活力的公司来说，在挑选职员时，创建者往往非常仔细，甚至亲临招聘现场，从而使求职者更快、更好地了解公司，并适应公司。

可以去掉“平庸”，但不能总自以为“高尚”。一个管理者，就要努力将“平庸”的员工培养成“高尚”的员工。微软的人事招募总主管大卫·普力爵概括出微软公司网罗一流人才的秘诀：高层主管必须参与到招聘之中。例如，微软看中的大学毕业生，比尔·盖茨会亲自打电话给对方，问他们有无兴趣到微软工作。普力爵解释说，微软认为，高层主管如果不参与招聘流程，其他人就会认为高层不在乎人才。如果高层主管都不在乎人才，还有谁会在乎？要说公司重视人才等于废话。

美国国际商业机器公司（IBM）是世界首屈一指的高科技公司，在这个公司里，具备“野鸭精神”的人才受到青睐和重用。公司总经理沃森把丹麦哲学家歌尔科加德的一段名言作为自己的格言：“野鸭或许能被人驯服，但是一旦被驯服，野鸭就失去了它的野性，再无法海阔天空地自由飞翔了。”沃森强调：“对于那些我并不喜欢、却有真才的人的提升，我从不犹豫。我所寻找的就是那些个性强烈、不拘小节、有点野性，以及直言不讳的人。如果你能在你的周围发掘许多这样的人，并能耐心地听取他们的意见，那你的工作就会处处顺利。”沃森把创新作为“野鸭精神”的化身，他采取种种措施激励员工创造发明，不断地发展新技术产品，取得了国内外市场的制胜权。“野鸭精神”成为IBM公司迅猛发展的基石和动力。

如今，人才观已经成为企业的共识，无论是大企业还是小企业，企业领导者都开始重视一流人才，很多企业的高级主管也都直接参与到人才的招募过程当中，并亲自主持一些面谈。但如何培养人才办法不尽相同，每个企业领导者都应不断摸索。只要培养出优秀的人才，他们就能为组织或者企业带来活力，带来效率。

网罗一流人才，在现代企业管理应用中必须从实际出发，应该注意以下几点：

1.不要浪费人才

如今，很多企业领导者都存在这样一个管理误区：认为人才就要招最好的。其实，人才招聘，不一定招最好的，应该招最合适的。人才不是做摆设的，而是公司实际需要的。人才不在多少，应与企业所需和岗位适合为准。即使本行业公认的优秀人才，本公司如不需要，就应该让其到用得着的地方去发挥才干，以免造成人才的浪费。

2.用实际行动来重视人才

身为企业领导者，如果你只是在口头上重视人才，而迟迟不采取实际行动，不仅留不住现有的人才，而且不可能有优秀的人才心甘情愿地为你所在的企业效力。

3.内外结合地选拔

我们并不反对在必要的时候，或者一些特殊岗位从外部引进人才，这样更有利于企业或组织的发展。但是领导者需要注意，企业或者组织的主要人才选拔方式还应侧重于内部选拔、竞争上岗，自己培养人才。这样做一来可以让内部员工看到成长之路，从而有了工作的动力，勇往直前；二来也可以避免从外部引进员工需要的“磨合期”，有利于公司的稳定发展。

4.主要领导要亲自抓人才工作

除了制定措施，给人才应有的待遇外，主要领导直接参与招聘人才的工作也是网罗人才的一种手段。领导者亲自出马，势必使求职者从心理上感到满意和欣慰，让他们一开始就从心理上认同你和你的企业。

一个企业的主要领导者如果在招聘会上亲自出马，就能引起许多人的关注，当然也能吸引更多的应聘者。如此，选择余地将大大增加，有利于选到更优秀的人才。

领导者亲自面试，和求职者进行面对面的交谈，可以使领导者从心理素质、专业能力、外语水平等方面对求职者进行全面而系统的考核。这样做不仅可以避免过去招聘过程中的一些事务，而且使筛选过程得到了简化，为企业节省了人力、物力、财力，还有宝贵的时间。

5.为长远发展积聚人才

企业发展代表公司的未来，因此需要引进人才。要招有能力的人、经验丰富的人、来了就能干事的人，有的岗位比自己

培养要合算。但要注重企业的长远利益，保证企业持续稳定发展，不能将此作为立足点。

6.对人才不可求全责备

作为领导者，你一定要清楚地认识到金无足赤，人无完人。一个优点突出的人，往往身上的缺点也很明显。因此，在用人时应积极发掘他的优点，规避、容忍他的缺点。切记，用人之长方可胜，求全责备害死人。

同时，在选拔人才时应内举不避亲，只要对公司有利，或利大于弊，无论什么样的人或是亲属都可以用。

消除偏见，客观地发现员工的优势与劣势

偏见是指狭隘地偏向某一方面的见解，是一种不客观、不公正的判断。可以说，由于每个人看问题的角度、眼界、个性、经历、立场的不同，难免会产生偏见，却往往还以为自己是择善而行的，这正是人性的盲点，自己则很难发现。

成语“智者疑邻”，是说在宋国，一富人家的墙因为下雨而被冲垮了。儿子对父亲说：“如果不赶紧修好，会有人来咱家偷东西的。”这样的话，邻居一位老人也对富人说过。到了晚上，富人家果真丢了东西。富人就想：“我儿子真聪明，有先见之明。”但他同时怀疑家里的东西是被邻居那位老人偷走的。

其实，富人的思想就是一种偏见。他觉得既然邻居知道他家的墙倒了，就一定会来偷东西。如果不经过调查就这样妄加推断，难免会造成一桩冤案。我们说，对邻居产生怀疑无可厚非，但说一定是他偷了东西，未免有失偏颇。

战国时期齐国有个人叫邹忌，他分别问妻子、妾、客人，他和城北徐公比谁更帅一些。三个人都说徐公哪能比他帅！可是，邹忌有一天见到了徐公，感到非常吃惊，为什么？因为他发现徐公比自己帅得多。于是，他开始反省，难道妻子、妾、客人他们都看走眼了？不会吧！终于他明白了其中的缘由，原来是因为妻子爱他，所以，情人眼里出西施，产生了偏见；妾想讨好他，所以向他献媚；而客人有求于他，所以只好拣好听的说，使他产生了偏见。可见，不同的人，看待事物的角度不同，标准就有差异。偏见的形成，多源于此。

而对于一个领导者来说，如果不能克服自己的偏见，往往会在用人的时候失去客观的立场，给企业造成不必要的损失。

小雅非常郁闷地走出某软件公司总裁的办公室，脑子里还萦绕着刚才与总裁见面的尴尬。

一路过五关斩六将，小雅觉得进入这家公司应该是板上钉钉的事情了，按照常理，总裁面试其实也就是例行公事地检查各部门的工作情况，并表明公司对员工的重视而已。

寒暄过后，总裁的提问顿时让小雅颇感诧异："年龄？"愣了一下的小雅还是诚实地回答："28岁。"

总裁欣赏的目光一下子黯淡了下来，说了一句让小雅更加诧异的话："对不起小姐，我们不招这个年龄段的女员工。"

小雅找到了市场总监，得到了意料之中的答案："对不起，负责人事的是新人，对公司情况还不太熟悉，我们老板因为对二十七八岁的年轻女子怀有偏见，公司一般很少引进这个年龄段的人才。"原来，曾经有一位28岁的部门经理突然离职结婚而给公司带来了很大的损失，所以总裁对二十七八岁的女性员工怀有偏见。

对于一名员工而言，领导者的偏见很可能让他失去一次工作的机会；而对于一个企业而言，领导者的偏见则很可能让企业失去一名优秀的员工。可见，偏见对于管理者与被管理者都会造成极大的伤害。

领导者在用人方面的偏见主要是用人观念扭曲，他在用人上不注重对方是否贤能，而是注重对方和自己的关系是否亲密。这样的领导者会以自己的感情观点为中心，把自己的个人情感、观点、喜恶、关系、利益作为衡量选人、用人的标尺，他们的口号是"顺我者昌，逆我者亡"。还有一些领导者会在下属中拉帮结派，为自己培养私人势力，他们只知道贯彻自己的决策，听不进忠言，容不下不同意见，排除异己，培植亲信。对于一般人而言，偏见也许只是个人感觉，不会对其他人造成影响，但对于领导者来说，对员工有偏见则会影响整个团队的发展。

元朝奸臣阿合马可谓贼臣中的奸雄。论才干，他具有高超的理财本事，因此忽必烈从实用角度任用了阿合马，只重视

其才干，忽视其品质。而阿合马登上重臣之位后，横征暴敛，侵吞国财，并且网罗党羽，大权独揽，陷害忠良，把持朝政20年。忽必烈最终醒悟：若不除他，元朝迟早会断送在他手里。

可见，偏见的伤害是多么的深。因此，领导者在管理工作中一定要多多警惕，切实纠正自己的偏见。那么，领导者如何克服自己的偏见呢?

1.避免“先入为主”

如果领导者在平时的管理工作中，总是喜欢道听途说，凭自己的印象作出对人或事的判断，就很可能陷入“先入为主”的泥潭，对他人形成偏见。因此，要克服偏见，必须避免先入为主的观念。

2.增加和对方的直接接触

领导者的许多偏见往往是由于和对方之间缺乏开诚布公的交谈而形成的。因此，要克服偏见，领导者就必须跨越敌意和不信任的心理障碍，加强和对方的直接接触，而不管你是否喜欢。

3.提高自己的知识修养水平

很多情况下，偏见是无知和愚昧的产物。一个人知识修养水平越高，观察和分析问题的能力越强，偏见越少。反之，则容易受流言蜚语、道听途说的愚弄，而对人形成偏见。因此，为了消除偏见，领导者应不断提高自己的知识修养水平。

总之，消除偏见，客观公正地对待员工，才能获得员工的敬重，有效地管理组织，最终成为一个真正优秀的领导者。

彼得原理：提拔员工要有技巧

“彼得原理”，有时也被称为“向上爬”原理，是美国著名学者劳伦斯·彼得在对组织中人员晋升的相关现象进行研究后得出的一个结论。其具体内容是：在一个等级制度中，每个员工趋向于上升到他所不能胜任的地位或者岗位。劳伦斯·彼得指出，每一个员工由于在原有职位上工作表现好，就被提升到更高一级的职位；之后，如果继续胜任则将进一步被提升，直至到达他所不能胜任的职位。由此产生了彼得的“推论”：每一个职位最终都将被一个不能胜任其工作的员工所占据。层级组织的工作任务多半是由尚未达到不胜任阶层的员工完成的。

不管是谁，按照组织的直线晋升规则，即逐级晋升，在正常情况下，总会达到晋升的极限。至于停留在什么地方，很显然，在哪一层级表现出不称职，就停留在哪一级。例如：

一个汽车修理工工作十分突出，因此被提升为工头，但他不会指挥别人只会自己修车，这个人只晋升一级就不称职了。于是，他就停留在不胜任的工头位置上。

一个工程部的员工，由于称职被晋升为领班，他善于交往，在领班的位置上依然称职，所以，工程部的主管退休后这个人就接替了主管。但他不善于决策，当主管就不称职，于是就停留在不胜任的主管位置上。

某著名将军，性情豪爽，不拘小节，曾经带领部队打过多

次胜仗，因为表现突出晋升为陆军总指挥。上任后，将军每天需要打交道的不再是士兵，而是政客与盟军高官，因为他不拘小节，又不太讲究礼数，经常和政客们吵架，而且一生气就喜欢借酒消愁，表现得很不称职，这是到组织顶端处才表现出不称职的例子。

在一个企业里，如果相当一部分员工都因为为企业做出了贡献而被提拔到并不称职的级别，就很容易给企业造成人浮于事，效率低下的后果，导致很多平庸的员工出人头地，企业发展缓慢甚至停滞。因此，作为领导者，不能单纯地依靠员工做出的贡献来决定其是否晋升，不能因为某一名员工在某个岗位级别上干得优秀，就认为他一定能够胜任更高一级的职务。要建立科学、合理的人员选聘机制，对每一名员工的能力和水平进行客观评价，将其安排到可以胜任的岗位之上。我们不可否认，岗位晋升是很多公司用来奖励员工的手段，也会有一定的效果，但是最好不要把其当成主要的奖励手段，应建立更有效的奖励机制，例如，可以通过加薪、休假等方式来奖励员工。有时，把一名员工提升到一个其不能很好发挥自身才能的岗位，对员工而言不仅不是奖励，反而会让他感到莫大的压力，员工不仅不能很好发挥才能，反而给企业带来损失。

对个人而言，虽然每个人都希望不断被提拔，但是决不能把往上爬当成自己的唯一动力。与其让自己在一个完全无法胜任的岗位上勉强支撑，无所适从，不如在一个可以游刃有余的岗位上发挥自己的专长。

正如彼得原理显示的，许多员工达到了他们不能胜任的岗位。这时，面对着所有员工都已经竭尽全力，领导者无法改变现有状况，为了再提高效率，他们只好再从外面雇佣员工。员工的增多或许会暂时使企业的效率得到提升，但是这些新招进的员工最后同样会因晋升过程而到达了不能胜任的基层，于是只能再次增雇员工，再次使企业效率暂时提高……显然，这样的结果是使组织中的人数超过了工作的实际需要。

因此，作为企业的领导者，一定要明白：尽管我们必须重视管理人员成长可能性并通过提供更大的发展空间等手段来激发他们的潜能，但彼得原理可以作为我们工作的一种告诫：不要轻易地进行选择和提拔。下面总结了几条提拔和任用人才的技巧，希望领导者能够吸收利用。

（1）适当引进外来人才，这样就可以用现成的人才，避开因为“彼得原理”而造成的后果。

（2）在企业内部逐步提升，重视潜力，重要的职位大多数由所能胜任的人才担任。提升的标准更需要重视潜力而不仅仅是绩效。应当以能否胜任未来的岗位为标准，而非仅仅在现在的岗位上是否出色。

（3）员工能否胜任新的岗位，是上还是下绝不能只是一句空话，而是需要企业真正建立起一种良性机制。一个人也许不能胜任经理，但他很可能是一个好的主管，只有通过这个机制才能找到每个员工最适合胜任的角色，挖掘出每个员工的最大潜力，实现“人尽其才”。

（4）很多领导者可能会有这样的疑问：“我怎么知道他能否胜任更高的职位？”的确如此，在没有让他在更高一层职位上工作过时，我们很难对他是否可以胜任作出准确判断，而如果当他上任后才发现他不适合这个岗位，又不好给对方降职。因此，一个比较好的方法就是采用临时性和非正式性“提拔”的方法来观察他的能力和表现，尽量避免降职所带来的负面影响。

奥格尔维法则：用“强者”，绝不嫉贤妒能

在企业管理中，领导者必须明白这样一个道理：如果我们每个人都雇佣比自己更强的人，我们就能成为巨人公司。而如果我们都雇佣比自己弱的人，那公司则必然越来越弱。这个道理来源于管理学上的“奥格尔维法则”，说的是一种人才现象。

“奥格尔维法则”来源于美国奥格尔维·马瑟公司总裁——广告业的创始人奥格尔维先生。

在一次奥格尔维·马瑟公司董事会上，每个董事的面前都摆着一个大玩具娃娃。大家面面相觑，搞不懂是什么意思。

奥格尔维总裁神秘地说：“大家打开看看吧，那就是你们本人。”

大家纷纷打开自己面前的玩具娃娃，在大娃娃里面还有个

中娃娃，又把中娃娃打开，还有个小娃娃。谁也不知道究竟是怎么回事，只好一层一层地打开娃娃，直到打开最后一个娃娃时，只见里面有一张奥格尔维写的小纸条：

“如果你永远起用比你弱小的人，我们的公司将沦为矮人公司。而如果你经常雇佣比你强大的人，我们的公司将成为巨人公司。”

前一句的意思与大家打开娃娃的过程恰好相同，后句则相反，董事们立刻明白了其中的含义。这件事对每位董事的触动都很大，在以后的日子里，大家都遵照这个准则，尽量任用能人贤才。奥格尔维公司从此进入了高速发展的快车道。

奥格尔维其实是要告诉领导者要善于提拔和任用有能力的人。在一个团队或组织中，领导者通常希望下属更听话些，因为只有听话的下属，才能凸显自己的权威，才能按照自己的思路进行管理。所以，从心理学的角度，招聘水平低于自己的下属可以理解。但听话的下属往往意味着没有主见或能力低下。而作为企业的一把手，就要实现整个团队的发展和目标的。如果每个领导者都招用水平比自己低下的下属，那么，整个团队就会循规蹈矩，按部就班，缺少激情，像一潭死水。由这样的团队执行的团队目标也将难有突破。相反，如果每个领导者都能雇佣比自己更强的人，那么，这个团队就会更具活力，更具创新意识，更具突围能力，这样的企业就能成为巨人企业。用强则强，用弱则弱，这充分体现了奥格尔维法则。

清人龚自珍曾有诗说“我劝天公重抖擞，不拘一格降人

才”，极言人才之可贵。汉高祖刘邦最终能当上皇帝，其中一个很重要的原因就是能起用比自己强的人。

楚汉相争，刘邦能够得天下，成就汉室大业，除历史的原因外，少不了张良、韩信、萧何等良臣勇将的鼎力相助。刘邦平民出身，文不能书，武不能战，“智不如张良，勇不如韩信，力不敌萧何”，但他善用比自己强的人才，能够把天下人才都集结在自己的周围，利用秦末动乱之机，兴汉灭秦，成为历史上第一个平民皇帝。

作为领导者，我们不妨学习一下刘邦的人才管理理念，在经济管理中善待比我们自己更强更优秀的人才。

华尔街的大富豪摩根也是一位敢用强过自己的人作为左膀右臂的典范。

萨缪尔·斯宾塞出生在美国南部，从小就聪明伶俐。大学毕业后，他进入了巴尔的摩——俄亥俄铁路。他才能过人，平步青云，很快就被提升为总裁特别助理，进而荣升为副总裁。就在此时，这条铁路出现了严重的财政赤字，濒临破产。危难时刻，斯宾塞临危受命，负责起了这条铁路的生死。经过他的不懈努力和超群的管理能力，这条铁路转危为安。

而华尔街的富豪摩根当时作为公司的财产接管人，发现了比他小10岁的斯宾塞的卓越才华，生怕如此优秀的人才流失，急忙任命斯宾塞为总裁。斯宾塞也没有辜负摩根对他的期望，轻而易举地偿还了一笔巨大的债务。斯宾塞越发地受到摩根的赏识，成为了摩根最得力的助手，为他出谋划策，帮助他建立

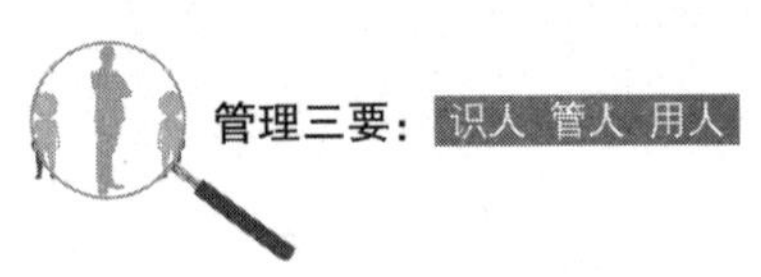

了庞大的摩根企业帝国。

奥格尔维法则告诉我们，人才对于企业的发展至关重要。一个成功的企业自然离不开好的产品，优良的硬件设施，需要雄厚的财力来做支撑，但最重要的是得有优秀的人才。没有优秀的人才即使硬件条件再好，也很难取得好的发展。因此，企业要想在激烈的市场竞争中获得生存并走向成功，拥有财力、物力还远远不够，只有具备大批的优秀人才才是企业发展最重要、最根本的因素。

有一位大公司的老板曾经说过：“我的成功得益于那些聪明的人。我总是把那些聪明人挑选出来。我使用他们，促进他们，当我有所成就时，就和他们分享荣誉。”“选贤任能，唯才是举”是一个优秀团队壮大的基础。人才资源是构成企业核心竞争力的战略资源，是企业十分重要的资源。

企业领导者，若想使企业充满活力，必须选择优秀人才，聘用一流人才，而不能武大郎开店，害怕对方超过自己。只有用一流的人才才能创就一流的公司。一个敢用比自己强的人才的领导者说明他不仅是一个有肚量的人，而且是一个自信心十足、能力很强的人。因此，领导者面对员工，即使不是一流人才，也要知人善任，这样就不愁企业难以发展壮大。

第7章

激励功用，在下属心里激起千层浪

在工作中我们不难发现，当下属的某种行为得到领导的正面影响时，其积极性就能得到充分调动，创造力也能得到超水平发挥。可见，领导的艺术不在于作指示、下命令，而在于如何激励、唤醒、鼓舞下属为工作目标去奋斗。激励是一种管理的艺术，是一种并非人人都会的技巧，是一门需要穷极一生的智慧去领悟的哲学。一个只会下命令的领导不是好领导，一个真正优秀的领导会运用各种心理学艺术正面影响下属的心理，激发他们埋藏在内心的进取心，以共同实现部门目标。

马蝇效应：不断地激励，让员工不断前进

每个领导者都希望自己的下属能够对自己言听计从，完全按照自己的意愿去执行，而对那些总是挑战自己权威的下属感到反感。但是事实往往是那些言听计从的下属通常能力一般，而身怀绝技的人往往是那些比较傲慢、狂妄、自负的下属，若能处理好与这些人的关系，把他们放在合适的岗位上，那么他们就会像金子一样闪闪发光。

当年，林肯当选为美国总统后，大银行家巴恩曾对他说参议员萨蒙·蔡思不适合进入内阁。林肯问为什么。巴恩回答："因为他认为他比你伟大。"林肯说："那你还知道有谁认为自己比我伟大？"巴恩疑惑林肯为何这样问。林肯回答："因为我要把他们全都收入我的内阁。"

其实蔡思确实是一个目中无人、嫉妒心极重的家伙，而且他还热衷于追求最高领导权。但是，他也的确是个大能人。可他对任命他为财政部长的林肯非但不感激，还怀恨在心，激愤不已。因为蔡思对竞选总统失败，以及林肯没有任命自己为国务卿这两件事始终耿耿于怀。

后来《纽约时报》主编亨利·雷蒙特一再提醒林肯蔡思正在狂热地上蹿下跳，谋求总统职位。林肯以他那特有的幽默方

式讲道："老伙计，你应该对马蝇不陌生吧？有一次，我和我兄弟在农场犁地，你知道吗？那匹马很懒，可有段时间它却奔跑如飞。到了地头，我才发现它身上有只马蝇，于是我随手就把马蝇打死了。可我兄弟这时候却哭丧着脸对我说道：'你真傻啊，正是有了它，我们的马才跑起来的啊！'"

正是有一只"总统欲"的马蝇叮着蔡思，才让他带领着财政部不断地往前奔跑，而正是"蔡思"这只马蝇，叮着林肯，才使林肯不敢松懈，不能停步，随时处在危机当中，给林肯和整个国家都带来了极大的益处。

林肯驾驭人才的能力可谓高明。作为企业的领导者，为何不用此方法将那些像蔡思一样的比较狂傲、又有强大能力的人充分利用起来呢？这类员工一般很难得到满足，他们有非常强的占有欲，或对金钱，或对利益，或对权势，而这些就是不断促使他们前进的"马蝇"。作为领导者，善用"马蝇效应"，不但可以减少组织冲突，而且可以让这些人为组织积极效力。

可见，如何使用这类人是一门大学问。

1.以宽容大度的胸襟接纳他们

领导者不但要善于接纳志同道合之人，对于那些跟自己意见相左、跟自己有纠纷有矛盾但是有特殊才华的人更应有博大的胸怀，以纳贤的度量去主动接近他们，团结他们。因为当他们感受到你的仁慈之怀、爱才之心和容才度量时，就会为你尽心尽力，与此同时，你的人格魅力会吸引更多的优秀人才与你一起干事业，为团队的发展创造更大的辉煌。

2.进行有效的激励

作为一个领导者，如果想要那些能力出众的下属踏实、卖力地工作，最好的办法就是对他们进行有效的激励。因为这些人不好管理，他们想得到的东西非常多，比如金钱、利益、权势，以及精神上的满足，一旦得不到，他们就可能跳槽。

但在激励之前也要注意，一定要搞清楚他们内心的需求，以便投其所好，对症下药，让他们为了获得某一奖赏而努力往前冲。

3.把能力出众的下属作为叮咬自己的马蝇

对那些能力出众，但又“刺头”的下属除了要大胆启用外，还应该把他们看作叮咬自己的马蝇。因为这些人不仅能促进团队的发展，更重要的是，能促进自己不断前进与提升。有这样一群“马蝇”的存在，会时刻给自己带来压力和危机感，而自己也会处于警钟长鸣的状态中，这样自己就不会故步自封、高枕无忧了。而且，这样更能激励自己勤奋工作，努力完善自己。

边际效应：会议上给予员工恰到好处的奖励

“边际效应”是指某种物品的消费量每增加一单位所增加的满足程度。通俗的解释就是：当人们向往某事物时，就会投入很多情绪，而第一次接触到此事物时情感体验最为强烈，

但是，随着第二次、第三次等接触次数的增多，感觉会越来越淡，最后一步步趋向乏味。在这里，“边际”的含义可以理解为“额外增加的量”。我们可以通过一个小事例来说明：一个人在水果摊买了3斤苹果，在装袋子的时候摊主又额外拿出一个苹果送给顾客，这个额外增加的苹果所带给顾客的心理满足就是边际效用。

“边际效应”最大的特点就是它会随着“边际”的增加而逐渐递减。例如，当你特别饿的时候，有人为你端来一盘包子，吃第一个的时候，你的感觉好极了，认为这个包子就是世界上最好吃的食物，而吃得越多，单个包子给你带来的满足感就越小，直到你吃撑了，那其他的包子就起不到任何效用了。

关于边际效用递减还有一个非常有意思的故事：

罗斯福曾经3次连任美国总统，曾有记者问他有何感想，他一言不发，只是拿出一块三明治让记者吃，记者吃下去，总统又拿出第二块，记者勉强吃下去，没料到总统紧接着拿出第三块三明治，记者赶紧婉言谢绝，这时罗斯福笑着说：“现在你知道我连任三届总统的滋味了吧！”

边际效用的应用可谓相当广泛。作为企业的领导者，会经常碰到需要鼓励下属的时候，这时就需要注意根据边际效用递减的规律调整自己的策略，不能盲目进行，而应做到恰到好处。例如，你准备通过涨工资来鼓励下属。如果你给3000元月薪的人增加1000元的工资，他们肯定会非常高兴，而如果你给6000元月薪的员工同样增加1000元，对他们的激励效果就会比前者差很多，所以似乎给低收入的人增加月薪对公司更有利；另外，要注意的是，经常只靠增加薪水来维持员工的工作热情效果不一定会很好。第一次给下属涨薪1000元，他们一般都会非常激动，大大增加了工作热情；而第二次涨薪1000元后，员工虽然很激动，但只会增加一些工作热情；第三次涨薪1000元后，员工也许会有点激动，但增加的工作热情可能微乎其微；第四次……最后的结果是：涨薪已经没什么效果，而成本压力却在节节上升。

应对激励中存在的边际效应递减现象是企业领导者面临的挑战之一。那么，作为领导者，应该如何奖励员工，才能以此来激励员工奋发向上，更好地收到预期的激励效果呢？

1.物质激励一定要适度

边际效用递减理论告诉我们，当物质激励的量达到一定程度后，其边际效用就会呈现递减趋势。由此可见，物质激励虽然有效，但是其作用也是有限的。因此领导者在实施物质激励的时候一定要适度。

2.正负激励相结合

在激励下属的时候，不能一味地正向激励，也不能一味地负向激励。一味地正向激励容易让下属变得浮躁、骄傲，而一味地负向激励则会令被激励者沮丧懊恼，对工作失去斗志，对自己失去信心。所以，最好的方法就是正负激励相结合。

3.激励的量应该渐增

对下属进行激励时，要学会逐步增加分量，这样才会起

到强化的作用，从而增加激励效应的持久性。如上面的例子所说，如果你想达到第一次涨薪1000元相同的效果，第二次可能就要涨2000元，而第三次需要更多。或者你也可以采取其他的激励措施，比如第二次不涨工资，而是安排下属去参加培训，或者给他一个好的学习机会等，而第三次可以对其在职位上进行提升，这样的结果自然是花费可能相当，但由于手段不同，会取得更好的效果。

4.薪酬发放的方式有讲究

作为一名领导者，要想让下属保持工作的积极性，并保证激励的及时性，且提高激励的效果，就要在给他们发薪酬时，缩短支付的时间间隔，因为支付的时间间隔越短，与员工绩效的关系就越密切，对员工的激励作用就越明显。因此，领导者应该多对下属进行观察，当发现对方士气有所下降时，就及时给予一些奖励。

此外，领导者还要知道，大规模的奖励不如频繁的小规模奖励更为有效，而且只有减少常规定期奖励，增加不定期奖励，才会让员工有更多的惊喜，才能增加激励效果。

总之，领导者在会议上给予员工的奖励不能太多，也不能太少，太多了会使边际效用递减，太少了会起不到作用，正确的做法是要恰到好处。

暗示效应：潜移默化中激励员工更好地工作

所谓“暗示效应”，是指在没有对抗情绪存在的情况下，用含蓄或间接的方法对人们的心理或行为产生影响，从而使被暗示者按照暗示者期望的方式去行动或接受意见，并能达到暗示者所期望的目标。

人们在日常生活和工作中经常会有意或无意地运用暗示，可以说，无论是谁无时无刻不在接受别人的暗示，也无时无刻不在暗示别人，从而使人与人之间产生了相互影响和相互作用。作为一名领导者，在管理下属的过程中，要多了解“暗示效应”，并把它积极的一面运用到日常的管理工作当中。

就拿大家耳熟能详的成语“望梅止渴”来说吧，它就是运用“暗示效应”的最佳例证：曹操有次率兵远途跋涉，正值天气炎热，官兵们又累又渴，偏偏又找不到水井和溪流。于是曹操大谈：“前面山上有一片梅林……”因为梅子是酸的，所以一提到梅子，“酸”的心理暗示便发挥了作用，于是，士兵的口腔便分泌大量唾液，起到了暂时解渴的作用。在我国古代，尽管曹操没有读过心理学，也说不出“暗示效应”的专业术语，但他却懂得利用“暗示效应”，真可谓是一位杰出的“心理学家”。

在企业里，一个优秀的领导者也一定是一个优秀的心理学家，他会在日常工作中，不断地给下属一种心理暗示，让他们相信只要自己努力，成功肯定会降临，那么下属的积极性就会

在潜移默化中得到极大的发挥，从而在工作中不断前进。

美国田纳西州有一座工厂，许多工人都是从附近农村招募来的。由于环境的改变，很多人不喜欢在车间里工作，总觉得车间里的空气太少，因此顾虑重重，工作效率也大幅下降。面对这种情况，厂方领导充分利用了“暗示效应”，他们在车间的窗户上系了一条条轻薄的绸巾，这些绸巾不断地飘动着，让工人们感觉空气正从窗户里涌出来，于是工人们的心病没有了，工作效率随之提高。

其实，给窗户上系上绸布，并没有增加车间里的空气，但是它却让里面的工人产生一种“车间充满空气”的感觉，可见，暗示对领导激励下属工作起着非常重要的作用。那么领导者应如何给下属一些积极的暗示呢？首先需要了解有哪些暗示方法。

1.语言暗示

语言暗示是最常见的一种暗示方法。例如，应聘者求职时，有些符合条件的应聘者会询问薪水问题，而在这种时候，有经验的面试考官就会有礼貌地反问：“您能否告诉我们，您对自己薪水的具体要求？”当应聘者说出自己的要求后，面试考官者就会说一些“我们认为您的要求是合理的”或者“只要您够努力，这样的愿望是肯定会实现的”之类的话。

2.情境暗示

打个简单的比方，如果一个企业需要招聘某项工程的工人，专门贴出公告供应聘人员选择，或者某企业准备在某地兴办工厂或者做什么事情而对当地情况进行了解，都叫情境暗示。

3.表情、手势暗示

在和下属交往的过程中，由于所处环境或针对事情的变化，领导者对下属往往会表现出或接纳或拒绝，或同意或否定，或赞扬或厌恶的感觉，在不便用语言直接表达时，往往会通过表情或者手势来表达，比如摆摆手、鼓鼓掌、耸耸肩、嘟嘟嘴等，当然也可以是表情上的高兴、愤怒、热情、冷眼等，暗示对方自己对这件事情或者这个人的看法和态度。

4.行为暗示

在日常生活中，我们可能都见过这样的现象：一些商贩为了推销产品，故意找人当托儿挤在自己的摊位面前虚张声势，制造一种生意兴隆的假象，而过往的人不知有诈，误认为这个摊位的商品物美价廉，货真价实，就挤进去购买，这就是一种行为暗示。

5.信誉暗示

由于人们对于名牌和出口商品质量会比较认可，所以很多商家就会给自己的产品冠以“国家金奖”“祖传秘方”“出口转内销”的称号，以招揽顾客，这就是一种信誉暗示。

6.符号暗示

平时我们最常见的符号暗示就是企业通过报刊、电台、电视台等各种宣传媒介，将企业概况、招聘岗位或者其他一些相关情况提供给应聘者，以便他们作出选择，这就是一种符号暗

示。

在了解了常见的一些暗示方法后，领导者就要及时地把暗示运用到管理工作中，不断激励下属，在潜移默化中，让下属不断前进。

三明治效应：运用批评也能激励下属

下属犯了错，作为领导者给予对方批评是不可避免的。但是批评也要讲究方式、方法。究竟采用什么方式才能起到良好的批评或教育效果呢？如何应对下属的错误，才不至于造成不良的影响呢？不妨来看看鼎鼎大名的玫琳凯是如何做的。

美国玫琳凯公司在成为国际知名化妆品公司之前，仅仅有9个人，而现在，该公司已经拥有20万名员工。该公司的创始人兼董事长玫琳凯女士更是被人们称为“美国企业界最成功的人士之一。”

玫琳凯公司之所以能取得今日的成就，与玫琳凯在工作中始终秉持的一个原则是分不开的。她秉持的原则就是：无论批评员工什么事情，必须在批评之前和之后找到一些对方值得表扬的地方，而绝不可以只批评不表扬。

有一次，公司新招聘了一名女大学生出任玫琳凯的女秘书。可工作一段时间后，这名女秘书令玫琳凯很头痛。原因就是这位女大学生打字时总是不注意标点符号。有一天，玫琳凯对她说：“你今天穿了这样一套漂亮的衣服，更显示了你的美丽大方。”

很显然，玫琳凯突如其来的称赞让女秘书有些受宠若惊。玫琳凯接着说：“特别是衣服上的这排纽扣，点缀得恰到好处。现在我要跟你说的是，文章中的标点符号，就如同衣服上的扣子一样，只有发挥它的作用，文章才会易懂并条理清楚。你知道吗？你很聪明，相信你以后一定会更加注意这方面的!”

从那以后，这位女秘书做事明显变得有条理了，也不再那么马虎，而且很快就改掉了打字时不注意标点符号的毛病。一个月后，她的工作有了很大的进步，玫琳凯适时地给予了她很不错的评价。

领导者作为组织的核心人物，为了实现组织目标，既要明确地表达自己的意见、建议、批评和不满，又要注意协调好与下属之间的关系，这就要求领导者必须具备良好的人际关系处理技能，在面对下属的错误时，首先要保持冷静，先用比较温和的态度肯定对方的努力和优点，然后再表达自己的想法，正如玫琳凯一样。

玫琳凯使用的这种批评的方式就是“三明治批评”。也就是厚厚的两层表扬，中间夹着一层薄薄的批评。即“表扬——批评——再表扬”，这种批评方式，效果较好，容易被批评者接受，不会对领导者产生反感。这是为什么呢？原因主要有以下三点：

1.“三明治批评”可以去除被批评者的防卫心理

作为一名领导者，在批评下属的时候，如果采取直接批评的方式，语气还很严厉，那么，对方自然而然地就会产生一种防御心理，而在这种情况下，哪怕你批评得再对，也是徒劳，因为在防御心理的作用下，下属已经很难再听进任何批评意见了。可如果你在批评下属之前，先说些亲切关怀或者赞美对方的话，那情况就不一样了。这样可以给双方制造一种友好的沟通氛围，让彼此平静下来进行对话。

由此可见，“三明治批评”在一开始的确能起到去除防御心理的作用，使被批评者乐于接受批评。

2.“三明治批评”可以避免下属产生后顾之忧

作为领导者，如果对下属总是接二连三地批评，那么批评结束后，下属自然地会产生后顾之忧，他们就会想，接下来是不是还会有处罚等着自己。而“三明治批评”中最后一层的“表扬”，则会让下属免去后顾之忧。它常常会让被批评的下属感受到来自领导者的鼓励、信任，会让他们不必担心会有接下来的处罚，这样一来，被批评者就会精神振作，充满信心地往前走，而不再陷于沮丧的泥潭之中。

3.“三明治批评”让受批评者有面子

批评的目的在于改善被批评者的行为，使其不再犯类似的错误，批评只是手段，不是目的。因此，如何批评就是一件非常有讲究的事情，“三明治批评”既指出了问题，也很容易让人接受，主要原因在于这种批评不会伤害下属的感情，不会损害下属的自尊心，能够激发下属向善的心，使下属始终保持工作积极性。

因此，领导者在批评下属的时候，要尽可能多地使用这种“三明治批评”方式，虽说批评的方式多种多样，但是“三明治批评”不仅容易被对方接受，而且会对下属起到一定的激励作用。当然，使用“三明治批评”并不是让领导者无原则地忍气吞声，回避矛盾与冲突，而是为了取得更好的效果。也就是说，领导者在和下属沟通的时候既不要不顾及对方的感受而随意打击对方，也不要逆来顺受地隐忍对方，而是要讲求沟通效果的“坦诚”。坦诚的沟通柔中带刚，既要保持平静的情绪，明确表达自己的观点，又要在平和中给员工以震撼，在友善中给员工以启示，在真诚中给员工以激励。

鲶鱼效应：创造健康的竞争环境

在一个企业里，如果人员长期固定，就会缺乏活力与新鲜感，员工容易产生惰性。当压力存在时，为了更好地生存、发展下去，那些比较弱的人就会比其他人更用功，更努力，而越用功，跑得就越快。适当的竞争环境就像催化剂，可以最大限度地激发员工的潜力。

西班牙人爱吃沙丁鱼，但沙丁鱼非常娇贵，极不适应离开大海后的环境。当渔民们把刚捕捞上来的沙丁鱼放进鱼槽运回

码头后，用不了多久沙丁鱼就会死去。而死去的沙丁鱼味道不好、销量也差，倘若抵港时沙丁鱼还活着，鱼的卖价就要比死鱼高出若干倍。因此，为延长沙丁鱼的寿命，渔民们可谓绞尽脑汁、煞费苦心。果然，功夫不负有心人。后来渔民想出一个好方法，将几条沙丁鱼的天敌鲶鱼放在运输容器里。因为鲶鱼是食肉鱼，放进鱼槽后，鲶鱼便会四处游动寻找小鱼吃。为了躲避天敌的吞食，沙丁鱼自然加速游动，从而保持了旺盛的生命力。如此一来，沙丁鱼就会活蹦乱跳地回到渔港。

这在经济学上被称为“鲶鱼效应”。无论在一个什么样的企业里，时间久了，其内部的成员由于相互熟悉，就会缺乏活力与新鲜感，从而产生惰性。尤其是一些老员工，工作时间长了就容易厌倦、懈怠、倚老卖老，这个时候找一些外来的“鲶鱼”加入团队，制造一些紧张气氛是非常必要的。

而且，“鲶鱼”的引进，还可以使那些在能力上刚刚满足团队要求的队员感到巨大的压力，如果他们稍有不慎，就很可能被踢出团队。所以，为了自己的饭碗，他们会比其他人更加努力、更加用心地工作。

可见，对于企业的领导者而言，要想刺激团队战斗力的再次爆发，在适当的时候为团队引入“鲶鱼”不失为一个绝佳的办法。

本田汽车公司的创始人本田宗一郎先生，有一次对欧美企业考察后发现了一种奇怪的情况。他发现，在欧美企业里，它们主要由三种类型的人员构成：不可缺少的干才、以公司为家的勤劳人才和拖企业后腿的蠢材。不可缺少的干才占总人员的20%，以公司为家的勤劳人才占60%，而拖企业后腿的蠢材也占20%。本田先生反观自己的公司，后两种人也许更多些。对于这个问题，本田进行了思考：如果淘汰自己公司中拖企业后腿的人，而增加前两种人，那工作效率能否提升呢？可后来他又觉得这样做，是很难行得通的。因为如果把第三种类型的人员全部淘汰的话，除了要受到工会方面的压力外，还会使企业蒙受损失。其实，这些人并不是完成不了工作，而是与公司的要求与发展相距远一些罢了。

没多久，本田先生受到“鲶鱼故事”的启发，随即决定进行人事方面的改革。他改革的第一个目标便是销售部。因为销售经理的思想特别守旧，已经严重影响了他的下属，除此之外，他的观念和公司的精神相距太远。出于为公司的发展考虑，也为了尽早打破销售部内部的沉闷气氛，本田决定要找一条“鲶鱼”来。

经过努力，本田找到了松和公司的销售部副经理、年仅35岁的武太郎。武太郎接管本田公司的销售部后，在极短的时间内便调动起了员工们的工作热情和增强了员工们的活力，而员工们也是被这位新经理丰富的市场营销经验和过人的学识所折服。与此同时，公司的销售业绩也是直线上升，甚至在欧美市场的知名度也有所提高。

本田先生非常满意武太郎这条“鲶鱼”，因为他不仅带动了整个销售团队的工作热情，就连其他部门经理人员都因为他

的到来，极大地提高了工作热情和活力。

自从成功引进武太郎之后，本田公司每年都会从外部引进一些精干的、思维敏捷的、30岁左右的“鲶鱼”，有时候甚至聘请常务董事级的“大鲶鱼”。这样做心结果便是：整个公司的“沙丁鱼”都有了极大的生存压力，并个个奋发努力，而本田公司的业绩也是蒸蒸日上。

本田充分利用“鲶鱼效应”进行管理，为企业的员工创造了一种充满忧患意识的竞争环境，使组织保持恒久的活力，实现“引进一个，带动一片”的人才效益。

可见，“鲶鱼效应”对激励员工起着非常重要的作用，但是在企业里利用“鲶鱼效应”是有一定条件的，如果运用不好，不但不会对员工起到激励作用，而且容易引起内讧，造成不良效果。例如，如果你所领导的部门已经有一个良好的“鲶鱼效应”，也就是说部门中已经有一个或几个生龙活虎，锐意进取的员工，可这时你却仍然固执己见地引进“鲶鱼”，那就可能导致“能人扎堆”的现象，甚至导致内部起哄，以至于人力资源管理效率低下；一旦你错误地将部门中的“鲶鱼”认成了“沙丁鱼”的话，就有可能导致这些优秀的“鲶鱼”流失。

所以，领导者在作出“引进鲶鱼”的决定前，一定要仔细分析自己部门或组织的情况，一定要“慎重、慎重、再慎重”。

互惠效应：尝到甜头才会更有干劲儿

在生活中，你是否有过这样的体会：

当你力所能及地帮助了一个人，也许这个小忙对你来说微不足道，但是却赢得了对方的好感，下次你要找对方帮忙的时候，他会毫不犹豫帮助你。

一个朋友心血来潮请你吃了一顿西餐，在以后的一段时间里，你总是琢磨什么时候回请对方一次，否则心里总感觉不安。

你的上司特别信任你，对你宠爱有加，你会干劲儿十足，认为只有努力工作才能回报上司对自己的信任。

你的下属总是处处和你作对，那么即使对方能力再强，你也会觉得对方不顺眼，并找机会开除他。

……

其实，这些情况用简单的一句话来说就是：你对别人怎么样，别人对你就怎么样。心理学上把它称之为“互惠效应”。即给予就会被给予，剥夺就会被剥夺；信任就会被信任，怀疑就会被怀疑；爱就会被爱，恨就会被恨。所以，作为领导者，如果你期待你的下属忠诚你、喜欢你、尊重你，并愿意为你努力工作，那么你首先必须给予对方相应的东西。

一天，一公司的两位部门经理在一起聊天，经理甲对经理乙抱怨：“我真羡慕你们部门，所有的员工都那么努力，从来不给你惹事，还年年评优秀。而我部门的那些员工真是让人

头痛，各个喜欢迟到早退，批评他们时，他们还经常顶嘴。能偷懒就偷懒，能休息就休息，从来不让我省省心。”经理乙听后，笑着说：“呵呵，你有没有想过员工这样做的原因在于你呢？”经理甲不解地说：“我？他们不好好工作跟我有什么关系呢？”经理乙问：“那你平时是怎么对待你的下属呢？”此时经理甲开始回忆自己平时的管理方式。

原来，自从经理甲上任以后从来不懂得尊重和理解下属。下属偶尔一次的迟到，他不问青红皂白，就开始批评；下属一次很小的失误，他会将其无限放大，并当着别的同事的面斥责对方；而当下属为部门做出贡献时，他却认为这是理所应当的，总是轻描淡写地说一句：“嗯，干得不错，再接再厉。”正因为此，该部门的员工越干越没劲，对经理甲的批评似乎已经麻木了。不仅如此，大家时刻都做好离开公司的准备了。

想了想自己平时的管理方式，经理甲问经理乙说：“那你平时是如何管理下属的？”经理乙回答：“其实我也没有什么特别的管理方式，我只认为下属和我们除了岗位不同外，没有什么区别，所以对他们比较尊重，从来没有当面批评过下属，而当对方做出贡献时，我会当着所有员工的面对其进行表扬。不仅如此，在平时我会时不时地关心一下他们的家庭情况，对于部门里的未婚女员工，我也会尽量让她们参加一些相亲会……也许就是这些微不足道的给予才换来了他们对公司和我的一片忠心吧！”

听了经理乙的讲述，经理甲恍然大悟，终于明白了自己部门的问题主要出在自己身上。

其实人都有这样的心理，你对我怎么样，我就对你怎么样，你给了我好处我就给你回报，你若对我不好，我必定以牙还牙，员工亦是如此。因此，作为企业的领导者，一定要充分利用心理学上的“互惠效应”，让员工尝到一些甜头，从而产生一种对你的亏欠感，真心诚意地去工作来回报你。

当然，让员工尝到甜头，并不是说给他们每人一个“大蛋糕”，让他们一下子得到满足。这样做不仅公司吃不消，员工也会因此变得贪婪。尝到甜头主要是让你给他们你力所能及的一小块就可以了，这样既让他们有了工作动力，有了奋斗目标，也不会因此贪婪。何乐而不为呢？

具体来说，让员工尝到一些甜头就是要求领导者在平时的工作中真诚地对待员工、真心地尊重员工；当下属犯错误的时候，只要不是触犯原则性的错误，尽量不要当面批评或者严厉指责；而当下属为部门做出贡献时，即使是对方应该做的，也应该给予对方一定的鼓励或者物质上的奖励，让对方更有干劲，也让其他员工看到努力工作的好处。

领导和下属之间其实就像跷跷板，不可能总是领导在高处，下属在低处，只有一高一低，一上一下轮番互换才能保持平衡。一个永远把自己放在高处的领导，一个永远不愿意在下属面前“吃亏”的领导，可能短时间内会讨得一点好处，但是时间长了，就没有下属愿意陪他“玩”了，最终他只能是一个失败的领导者。

所以，在职场中，如果你想让下属为你做些事情，不妨你先为他做些事情，这样你再要求对方做事的时候也就比较容易了。

保龄球效应：真诚地赞赏你的下属

“保龄球效应”来自于行为科学中的一个案例：

两名保龄球教练分别训练各自的队员。他们的队员都是一球打倒了7只瓶。

教练甲对自己的队员说：“很好！打倒了7只。”他的队员听了教练的赞扬很受鼓舞，心里想，下次一定再加把劲儿，把剩下的3只也打倒。

教练乙则对他的队员说：“怎么搞的！还有3只没打倒。”队员听了教练的指责，心里很不服气，暗想：你咋就看不见我已经打倒的那7只。结果，教练甲训练的队员成绩不断上升，教练乙训练的队员成绩一次不如一次。

“保龄球效应”告诉企业的领导者：肯定和赞赏比批评与指责更有助于员工改正自己的过错。在当今许多企业中，领导者的管理水平有着很大的差异，有些领导者习惯于用指责来对待和处理员工在工作中出现的失误或过错。当员工在工作中出现失误或过错后，如果领导者只是一味地批评指责，就易引起员工的逆反心理，甚至导致其“破罐破摔”。相反，如果此时

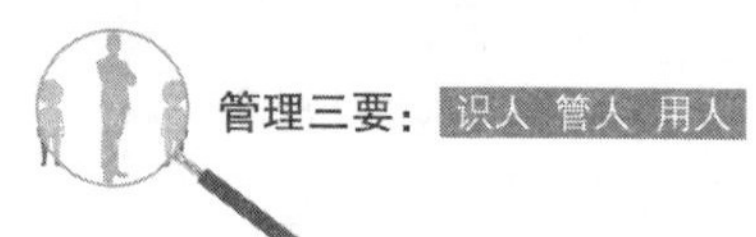

领导者能够首先肯定员工积极的工作态度，然后再与员工一起找出产生失误或过错的原因，引导其总结经验教训，不仅会使员工心悦诚服，而且有助于员工坚定战胜困难的信心和决心。

有这样一个小故事：

一位家庭主妇给客人端上米饭，客人称赞说："这米饭真香！"主妇兴奋地告诉客人："是我做的。"客人吃了一口，又问："怎么糊了？"主妇的脸色骤变，赶紧解释道："是孩子他奶奶烧的火。"客人又吃了一口，说："还有沙子！"主妇又答："是孩子他姑淘的米。"

在上面这个故事中，人的劣根性充分暴露出来了。对于赞赏，那位家庭主妇是那么爽快地接受了；对于指责，她就千方百计地推托。也许有的人会说这位家庭主妇特别喜好居功而又善于诿过于人，没有普遍意义。但这样说的人只要真诚地问一问自己，难道你就喜好受到指责而讨厌得到赞赏吗？其实，希望得到他人的肯定、赞赏，是每一个人的正常心理需要。而面对指责时，不自觉地为自己辩护，也是正常的心理防卫机制。

一个成功的领导者，会努力地去满足员工们的这种心理需求，对员工们和蔼可亲，鼓励员工们努力发挥自己的创造精神，真心地帮助他们解决困难。相反，那些专爱挑员工毛病，靠发威震慑他们的领导者，也许真的能够"震住"他的员工，但是一头暴怒的狮子领着一群绵羊，又能创造出什么样的事业呢？

获得他人的承认和肯定，是人性深处最本质的渴望。

查尔斯·史考伯，是美国钢铁大王安德鲁·卡内基选拔的第一任总裁。他曾经说过这样的话：“我认为，我最大的资产，便是我有能够鼓舞员工的能力。再也没有比赞赏和鼓励更能使一个人发挥最大能力了……而且我还认为，上司的批评是抹杀一个人雄心壮志的最好武器……我赞成鼓励别人工作。所以你们会发现，我最喜欢干的事情，就是称赞，而最讨厌的便是挑错。如果我喜欢什么的话，我就会真诚地去称赞和赞赏。”

这是史考伯的做法。可一般领导者是怎么做的呢？正好与他相反。他们如果不喜欢什么的话，就会一味地挑错；可他们如果喜欢的话，却又什么都不肯说。因此，他们的员工就会这样说：“当我第一次做的不对时，指责的声音马上就能传进我耳朵里；可当我第二次做对时，偏偏什么都听不到。”

史考伯还说：“我去过世界许多地方，并见过许多大人物，但我还没有发现任何人——无论他多么伟大，地位多么崇高——在被批评的情况下比在被赞许的情况下，工作成绩更突出，更卖力的。”

由此不难看出，史考伯的信条同安德鲁·卡内基的简直一模一样。卡耐基也是一个善于赞美别人的人，他甚至在他的墓碑上也不忘称赞他的员工：“这里躺着的是一个知道怎样跟他那些比他更聪明的员工相处的人。”

“积极鼓励和消极鼓励（主要指制裁）之间具有不对称性”，这是心理学家经过大量研究证明的。而且心理学家还指出，受过制裁的人并不会减少做坏事的心思，顶多学会了如何

逃避制裁罢了。

“干的工作越多，错误就越多”，这是下属们经常会说的一句话。其实，它的潜台词就是：为了避免出现更多错误，最好的办法就是“避免”工作。很明显，之所以会出现这种情况，都是批评、制裁等“消极鼓励”导致的。而“积极鼓励”则不然，它是一项开发宝藏的工作。它只会让受到积极鼓励的行为逐渐占去越来越多的时间和精力，并且下属身上的一个闪光点也会被放大成为耀眼的光辉，与此同时，下属身上的很多不良行为也会被“挤掉”。

对于一名领导者而言，要想学会发自肺腑地赞赏，那么首先就要学会发现下属身上的闪光点，尤其是下属在面对某种失败的情况下，更要善于找到积极的因素来进行鼓励。至于如何才能用好赞赏的技巧，关键在于要把你的注意力集中到“被球击倒的那7只瓶”上，别老盯着没击倒的那3只。作为一名领导者，一定要有这样一种认知：无论任何人，或多或少都会有优点、缺点，只有“诚于嘉许，宽于称道”，你才会看到神奇的效力。

参考文献

［1］中实.做领导要懂心理学［M］.北京：中国纺织出版社,2011.

［2］祝晓芹.领导不可不知的心理学常识［M］.北京：金城出版社,2011.

［3］周理弘.领导干部要懂心理学［M］.北京：当代世界出版社,2011.